예배드리는 자녀가 성공한다

예배드리는 자녀가 성공한다

지은이ㅣ 김인환
펴낸날ㅣ 2006. 8. 3.
13쇄 발행ㅣ 2014. 5. 8.
등록번호ㅣ 제 3-203호
등록된 곳ㅣ 서울시 용산구 서빙고동 95번지
발행처ㅣ 사단법인 두란노서원
영업부ㅣ 749-1059 FAX 080-749-3705
출판부ㅣ 794-5100(#325)

▌책값은 뒤표지에 있습니다.
ISBN 89-531-0678-8 03230
         978-89-531-0678-9 03230

▌독자의 의견을 기다립니다.
tpress@Duranno.com   http://www.Duranno.com

두란노서원은 사도행전 19장 8-20절의 정신에 따라 첫째 목회자를 돕는 사역과 평신도를 훈련시키는 사역, 둘째 세계선교(TIM)와 문서선교(단행본·잡지)사역, 셋째 예수문화 및 경배와 찬양 사역, 그리고 가정·상담 사역 등을 감당하고 있습니다. 1980년 12월 22일에 창립된 두란노서원은 주님 오실 때까지 이 사역들을 계속할 것입니다.

예배드리는 자녀가 성공한다

| 김인환 지음 |

두란노

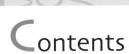

Contents

추천의 글 – 이동원, 하용조, 한홍, 김양재, 이기복, 이찬수, 오정호 8
여는 글 – "21세기의 희망은 우리 아이들을 붙들고 계시는 하나님이시다" 14

자녀교육 성공비결1. ≫ 자녀를 크리스천으로 키우라

"예배보다 중요한 것은 없다" 16

1. 자녀의 예배에 관심을 가지라 18
2. 마땅히 순결을 지켜야 하는 이유를 가르치라 25
3. 하나님이 허락하시는 고난은 성숙으로 이끄는 축복이다 37
4. 복음을 모르는 사람은 크리스천이 아니다 43
5. 성경으로 경건의 삶을 훈련시키라 49
6. X-마스가 아니라 성탄절이다 56
7. 소명을 아는 사람은 흔들리지 않는다 62
8. 하나님을 경외하는 자녀는 하나님이 책임지신다 68
9. 크리스천은 세상과 다르게 사는 것이 정상이다 75

자녀교육 성공비결2. >> 세상에서 자녀를 지키라

"자녀 문제의 책임을 다른 곳에 전가하지 말라" 82

1. 믿어 주는 것과 방치하는 것은 다르다 84
2. 골칫덩이가 되버린 자녀의 마음을 읽으라 91
3. 버려야 할 욕망의 실체를 반복해서 알려 주라 97
4. 부모에게서 거절감을 느낀 자녀가 우울증에 걸린다 102
5. 자녀교육의 1차 책임은 언제나 부모다 111
6. 부모부터 세상의 유행을 따라가지 말라 117
7. 내 자식이라도 아는 만큼만 이해할 수 있다 124
8. 리더십은 좋은 관계에서 나온다 130
9. 자녀의 숨은 능력을 끌어내라 136

자녀교육 성공비결3. >> 믿음의 힘으로 자녀를 성공시키라

"부모는 자녀의 최고의 멘토이자 리더다" 142

1. 현실적인 격려로 자녀를 일으키라 144
2. 진실로 하나님을 경외한다면 자녀를 칭찬할 수 있다 150

3. 인생의 목적을 자녀대신 하나님으로 설정하라 157

4. 현재가 아닌 내일을 기대할 때 계속 기도할 수 있다 163

5. 실패했더라도 다시 자녀의 손을 잡으라 170

6. 부모가 뿌린 눈물의 씨는 반드시 거둔다 176

7. 쉼을 통해 건강한 사랑을 충전하라 183

8. 엄마의 영향력을 적극적으로 활용하라 189

9. 하나님이 주시는 긍정 파워를 갖게 하라 196

10. 때에 맞는 훈계와 지도는 자녀 성공에 필수요건이다 203

11. 고난을 뛰어넘는 역경지수를 높여 주라 209

12. 용기 있는 사람의 부모들은 도전을 멈추지 않았다 215

자녀교육 성공비결4. >> 자녀의 인생을 형통케 하라

"인생 형통의 원리를 가르치라" 222

1. 형통은 게으름을 싫어한다 224

2. 부모 공경은 자녀의 생명과 연관이 있다 231

3. 잃어버린 시간은 하나님도 되돌려줄 수가 없다 237
4. 유머감각이야말로 형통의 기술이다 244
5. 믿음의 기반 위에서 습관을 개혁하라 250
6. 형통 지수는 학업성취도로 측정할 수 없다 257
7. 섬김으로써 섬김을 가르치라 262

자녀교육 성공비결5. >> 자녀 스스로 행복을 창조하게 하라

"믿음의 가정의 모델은 천국이다" 268

1. 가정을 통해 천국의 기쁨을 경험하게 하라 270
2. 지혜롭지 못한 희생은 자녀를 망칠 수도 있다 276
3. 행복한 가정에는 자녀 양육의 열매가 있다 282
4. '세상에서 가장 아름다운 그림'을 그리라 288
5. 행복한 가정은 받은 복을 이어 간다 295

"크리스천 부모 여러분, 세상을 본 받지 마십시오"

오늘날 자녀는 이 시대 그리스도인 부모의 최고의 숙제가 되고 있습니다. 부모들 자신이 가치관의 혼란을 경험하고 있는 현실이라 어느 부모도 어디에 초점을 맞추어 자녀를 교육해야 하는지를 잘 모르고 있습니다.

그리스도인 부모들조차 공부 잘하는 아이가 성공하리라는 믿음을 갖게 되었습니다. "이 세상을 본 받지 말라"는 성경 말씀을 망각하게 되었습니다.

나아가 예배 따위는 내 자녀의 당면 문제가 아니라는 생각도 하게 되었습니다.

저자는 지구촌교회 교육 목회의 최전선에서 이 시대 청소년들과 함께 한 경험과 신학적이고 심리학적으로 검증된 탁견을 모아 이 시대 그리스도인 부모들이 다시 생각해야 할 자녀 양육의 핵심 전략을 제시합니다.

세상에서의 인정에 더 목마른 부모들과 하나님의 인정을 성공의 가치관으로 수용할 신실한 믿음의 부모들, 열악한 신앙 교육 환경에서 땀 흘려 기도하는 교회 학교의 신실한 교사들, 그리고 민족과 교회의 내일을 진지하게 고민하는 모든 지도자들에게 이 책을 추천하고 싶습니다.

다음 세대를 위한 기도의 영혼을 담아,
이동원 드림(지구촌교회 담임목사)

'멋진 자녀교육을 꿈 꾸십시오'

이 세상 모든 어머니의 소망은 하나입니다. '어떻게 하면 우리 아이를 잘 키울 것인가?' 이 세상 모든 아버지의 바람도 하나입니다. '어떻게 하면 우리 아이가 멋진 인생을 살도록 도울 것인가?'

많은 어머니들이 파출부 일도 마다 않고 어려서부터 자녀들에게 특별과외를 시킵니다. 자녀를 잘 키우는 비법이라 믿기 때문입니다. 많은 아버지들이 자녀와 아내를 외국에 보내고 외기러기 아빠로 텅 빈 집에서 외로움을 감내합니다. 자녀의 멋진 인생을 돕는 길이라 믿기 때문입니다. 그런데 이것만으로는 자녀를 잘 키울 수도, 멋진 인생을 살도록 도울 수도 없습니다.

자녀는 하나님이 주신 기업이요 상급입니다. 자녀는 하나님이 주신 최상의 선물이요, 복의 근원입니다. 그래서 아이를 잘 키우고 싶다면 어려서부터 하나님을 가르쳐야 합니다. 장차 자녀가 정말 멋진 인생을 살도록 자라나길 원한다면 하나님의 말씀을 암송하고 찬양하며 무릎 꿇고 기도하도록 해야 합니다. 자녀의 주인이신 하나님께서 세우지 않으시면 모든 것이 무너지기 때문입니다.

하나님이 주신 특별한 달란트로 수년간 지구촌교회에서 교육목회 사역을 성공적으로 감당해왔던 김인환 목사가 귀한 책을 펴냅니다. '성공하는 자녀교육'의 방향과 지침을 담고 있습니다. '자녀를 하나님께 의탁하라', '예배드리는 자녀가 성공한다'라는 귀한 메시지를 담은 이 책을 멋진 자녀교육을 꿈꾸는 모든 크리스천 부모들께 추천합니다.

하용조(온누리교회 담임목사)

"사막에 오아시스 같은 자녀교육서!"

리더십의 핵심 역량이라고 할 수 있는 상상력, 인내심, 포용력, 대화, 관용, 결단력, 용기, 정직 같은 요소들은 모두 어른이 되기 전에 가정에서 굳혀진다.

가정에서 이런 인격의 기초가 안 갖춰진 사람은 후에 아무리 고급 교육을 받아도 다른 사람들을 이끌 수 없다.

이런 맥락에서, 차세대 교육에 오랜 세월 열정을 가지고 매진해 온 김인환 목사의 책은 하나의 시원한 오아시스와도 같다.

누구나 힘들어하는 자녀교육이라는 난제를 그는 성경적 원리를 바탕으로 하여 쉽고 진솔하게 풀어가며, 읽는 이에게 잔잔한 감동을 준다.

자녀를 위해 기도하는 모든 부모님들께 일독을 권한다.

-한홍(온누리교회 목사/트리니티 리더십센터 원장)

"자녀교육의 성공 노하우도 역시 예배의 회복!"

자녀의 고난은 부모 삶의 결론이다. 그러므로 부모들은 나를 힘들게 하는 문제인 자녀를 통해 자신의 죄를 봐야 한다. 배우자, 부모로 인해 겪는 고난보다 자녀 문제로 오는 고난이 최고의 훈련인 것도 이 때문이다.

입시, 음란, 게임, 중독 수많은 전쟁을 치러야 하는 이 시대의 자녀들을 살리는 것은 오직 말씀과 예배의 회복이다. 썩어질 세상 것이 아닌 하나님의 말씀으로 성경적 가치관을 심어 주는 것만이 자녀가 살고 가정이 살 길이다.

그런데도 많은 부모들이 세상의 방식을 따라 나섬으로 일시적인 기쁨을 얻을 뿐, 하나님이 주시는 진정한 자녀 형통의 은혜를 경험하지 못한다.

이런 때에 김인환 목사는 본인이 체험한 고단했던 청소년기의 간증으로 많은 아이들과 부모님들을 깨우고 변화시킨 분이다. 많은 교회들이 다음 세대 사역의 핵심을 문화 사역에 의존하고 있는 요즘, 저자는 자녀 양육의 노하우가 하나님의 말씀과 예배의 회복에 있음을 외치고 있다. 이 책을 통해 우리 가정을 병들게 하는 세상 가치관이 무너지고 부모와 자녀 모두에게 영적 회복의 역사가 있기를 기대한다.

-김양재(우리들교회 담임목사)

추천의 글 5.

"하나님을 경외하는 자녀는 결코 잘못되지 않습니다."

자녀 양육만큼 중요한 일은 없습니다. 다음 세대가 바로 그들의 손에 달려 있기 때문입니다. 그래서 저는 청소년 사역의 부흥을 위해 기도해 왔습니다.

교회마다 청소년 사역이 불일 듯 일어나게 해 주시라고 간절히 기도하고 있습니다. 그러기에 청소년을 사랑하는 김인환 목사님의 「예배드리는 자녀가 성공한다」가 출간되는 것을 기쁘게 생각합니다. 예배드리는 자녀가 성공한다는 것은 경험으로 보아도, 역사를 보아도 진리입니다. 예배드리는 자녀는 반드시 이 세상에서 꼬리가 되지 않고 머리가 될 것입니다. 반드시 다음 세대를 이끌어 갈 참된 지도자가 될 것입니다.

자녀를 사랑한다면 주님 사랑을 먼저 가르치십시오. 주님을 예배하는 것을 가장 우선순위로 놓으십시오. 주님 사랑으로 자녀를 양육하는 부모님들에게 이 책이 소중한 지침서가 될 것입니다.

이 책으로 인해 많은 청소년들이 회복될 것을 기대합니다.

더욱 많은 청소년들이 주님의 제자로 헌신될 것을 기대합니다.

−이기복(한동대 교수, 두란노 가정사역연구원 원장)

"본질을 붙잡지 않는 성공은 '사이비 형통'이다"

자녀를 양육하는 많은 부모들이 조급한 마음으로 세상이 요구하는 방식을 따르고 있지만 하나님의 말씀이 가르치고 있는 본질을 붙잡지 않는 성공은 '사이비 형통'입니다.

이런 맥락에서, 자녀교육 문제로 눈물 흘리는 한국 현실에 이런 좋은 책을 허락해 주신 하나님께 감사드리면서, 기쁘게 이 책을 추천합니다.

책의 요소마다 아이들을 키우는 사람들이 고민하고 있는 현실적인 문제를 실제적이고 성경적인 관점으로 풀어가며, 성경이 제시하는 자녀를 위한 기도문까지 있어 자녀를 하나님이 원하시는 21세기 리더로 키워가고자 하는 부모님들에게 유익한 책입니다.

이찬수(분당 우리교회 담임목사)

"부모와 아이들의 눈높이에 맞는 실제적인 자녀교육서"

자녀들의 영혼지킴이로서의 부모의 역할을 조목조목 제시하여 공감을 자아내는 책이다.

자녀를 향한 거룩한 고민을 가진 부모와 교사의 손에 들려지게 될 때 자녀들의 마음에 은혜의 바람이 불어 일 것으로 생각된다.

하나님께서 귀하게 쓰시는 김인환 목사님을 통해 자녀를 양육하는 또 하나의 유용한 로드맵을 손에 쥐는 기쁨을 공유하고 싶다.

-오정호(대전 새로남교회 담임목사)

"21세기의 희망은
우리 아이들을 붙들고 계시는 하나님이시다"

"엄마, 전 힘들지 않아요. 하나님이 계시잖아요. 사랑해요!"

천당 밑에 분당? 이라는 닉네임이 붙여진 살기 좋은 곳에서 그렇게 넉넉하지 않은 형편에서 씩씩하게 학교를 다니던 아이의 아빠를 하나님이 데려가셨다. 아빠가 계셔도 살기가 쉽지 않았는데…. 환하게 핀 꽃 속처럼 웃고 다니던 녀석이 하루 벌어 사시는 엄마마저 병들자 그 품에 안겨 던진 말이다.

사람들이 희망을 찾고 있다. 하지만 21세기의 희망은 인터넷이 아니다. 첨단산업도 아니다. 진정한 희망, 그것은 현존하는 미래인 우리의 아이들을 붙들고 계시는 하나님이시다. 고난과 어려움이 있는 현장에서 희망을 붙들고 싶다면 하나님을 바라보아야 한다.

최근 우리 사회의 가장 큰 어려움은 바로 사랑하는 우리의 자녀들이다. 가정이다.

W세대, P세대, C세대라고 불리며 글로벌시대의 특권 속에 살아가는 것 같았던 우리 자녀들의 마음이 상처받고 찢겨 아파하고 있다. 치열한 입시 전쟁

에서 낙오되어 비전을 상실한 채 어둠의 뒷골목에, 컴퓨터 모니터 앞에 주저
앉아 있다.

우리 아이들에겐 희망이 필요하다, 아니 마른 뼈로 가득 찬 골짜기를 바꾸
실 수 있는 하나님만이 우리 아이들의 필요다.

더 좋은 환경을 만들어 주는 노력을 하기 전에, 더 좋은 대학에 보내는 노
력을 하기 전에 무엇과도 비교할 수 없이 좋은 하나님, 아이들의 인도자가 되
시는 하나님 앞에, 아이들을 예배자로 서게 해야 한다. 사무엘이 여호와 앞에
서 자라났던 것처럼, 요셉이 여호와 앞이라는 기독교 가치관을 갖고 살았던
것처럼 하나님 앞에서 살 수 있도록 해야 한다.

이 책은 그런 소망을 가진 부모들과 지도자들이 아이들과 함께 책을 읽고
나누고 함께 성경이 제시하는 원리를 붙들고 축복하는 기도로 구성되어 있다.
단순히 읽어나갈 책이 아니라 하루하루 자녀들을 하나님 앞에 세우는 훈련서
로 사용할 수 있다. 책을 읽고 자녀를 축복하는 기도문을 함께 읽다 보면 어느
덧 하나님을 바라보며 웃는 아이들, 그 웃음 속에 하나님이 주신 비전과 형통
이 담겨 있음을 보게 될 것이다.

지구촌의 뜨락에서 우리 자녀들의 형통을 인도하시는 하나님을 바라보며
김인환

자녀교육 성공비결 1.

자녀를 크리스천으로
키우라

"예배보다 중요한 것은 없다"

자녀의 눈높이에 맞는 예배를 준비하십시오.
자녀가 예배를 통해 하나님을
경험하고 감동과 도전을 받을 것입니다.

자녀의 예배에
관심을 가지라

하나님을 변화시키기 위해서가 아니라, 자신을 변화시키기 위해서 기도한다.
– 키에르 케고르

2004년 교계에 빅 이슈가 있었다면 그것은 학내 종교
자유와 종교 교육의 자유에 대한 것이었습니다. 당시 대광
고등학교에 재학 중이었던 강의석 군이 미션스쿨인 학교
의 예배 활동을 거부하고 1인 시위를 벌임으로써 교회와 사회에 중요한 이
슈로 떠올랐습니다.

학교의 교육목표와 지표를 기독교 정신에 입각한 기독교 교육에 두고 있
는 대광고의 입장과 학교를 선택해 들어가지 못하는 현실에서 예배의 선택
권을 주어야 한다는 비기독교인들의 입장이 첨예하게 대립한 것입니다.

이에 대해 대다수 언론은 일방적으로 학교 측에 책임을 돌렸지만 문제의 본질은 학교와 강의석 군에 있는 것이 아니라 학교의 선택권이 보장되어 있지 않다는 데 있습니다.

학교를 선택해 들어가는 대학에서는 아무 문제가 되지 않는 종교 활동이 고등학교에서는 문제가 되고 있는 것입니다. 서울교육청에 따르면 2005년 고등학교 배정에서도 학생들의 희망 종교 반영률이 2004년 보다 6% 이상 증가해 63%나 된다고 합니다.

다시 말하면 고등학생들도 자신이 믿는 종교적 신념에 근거해 가르치는 학교에서 공부하고 싶어 한다는 말입니다. 그러나 많은 언론은 문제의 본질을 외면하고 치우친 기사로, 기독교 정신에 입각해 이 사회에 건강한 일군을 키워내고 싶어 하는 기독교 학교에 대해 부정적인 이미지를 심어 주었을 뿐 아니라 기독교 예배에 대한 안 좋은 시각을 부각시켰습니다.

더 안타까운 것은 이런 언론의 태도가 아니라 자녀들에게 예배의 중요성을 가르치지 못하는 크리스천 부모들의 태도입니다.

믿음을 가졌다 하는 부모들이 직장 문제가 아닌 게으름과 믿음의 문제, 스포츠나 레저 활동 때문에 예배에 빠질 뿐 아니라 자녀의 시험 준비나 학원, 놀이와 여가 활동을 위해 예배에 빠지도록 요구하고 있기 때문입니다.

최근 소개된 「한국교회 미래 리포트」에도 잘 나타나 있습니다. 50세 이하 성인들의 예배 참석률이 60%대에 그쳤을 뿐 아니라 예배에 빠지는 가장 큰 이유가 직장문제와 더불어 믿음의 문제, 게으름이라고 답했기 때문입니다.

무슨 말입니까? 주일 성수를 중요하게 여겼던 믿음의 1세대와 달리 믿음의 2세대를 살아가고 있는 현대 크리스천 성인들이 예배의 중요성에 대한 믿음을 상실한 채 게으름과 여가활동에 빠져 예배를 소홀히 하고 있다는 것입니다.

이런 상황에서 믿음의 3세대인 우리 자녀들은 예배를 드리지 않는 데 익숙해져 가고, 교회에 와서도 예배를 드리지 못하고 떠들거나 아무런 반응 없이 자리만 지키다가 돌아가고 있습니다. 그러기에 크리스천 부모로서 무엇보다 자녀에게 예배의 소중함을 가르쳐야 합니다.

그렇다면 어떻게 예배의 소중함을 가르칠 수 있을까요? 자녀에게 예배가 무엇인지, 어떻게 드려야 하는지를 가르쳐야 합니다. 아이들을 지도하다 보면 이상한 점을 발견합니다. 어릴 적부터 교회에 다닌 아이들 중에 예배 태도가 좋은 아이들보다는 그렇지 않은 아이들이 훨씬 많다는 것입니다.

예배를 드리는 기본적인 자세가 되어 있지 않습니다. 왜 그럴까요? 예배를 드리라고 강조한 만큼 예배에 대해 가르쳐 주지 않았기 때문입니다. 그냥 예배드리고 오라고 합니다. 예배가 중요하다고 말만 합니다. 그래서 아이들은 가정의 평화를 위해 예배만 구경하고 옵니다.

예배 안 드리면 혼나거나 부모에게서 싫은 말을 듣기 때문에 예배당에 앉아 있다가 오는 것입니다. 그리고 이런 행동들이 반복되다 보면 결국 아이들에게 예배에 대한 안 좋은 습관을 갖게 하고 성령께서 인도하시는 살아 있는 예배를 경험하지 못하게 합니다. 그러기에 예배의 소중함을 가르치려면 무엇보다 예배에 대해 가르쳐야 합니다.

두 번째로 예배를 소중히 여기는 부모의 뒷모습을 보여 주어야 합니다. 예배에 대한 가장 좋은 가르침은 부모의 모범입니다. 하나님 앞에 신령과 진정으로 나가는 부모의 모습을 본 자녀들은 자연스럽게 예배에 대해 배우게 됩니다.

하지만 문제는 많은 현대 크리스천 성인들이 예배에 대한 잘못된 뒷모습을 보여 주고 있다는 데 있습니다. 예배에 빠지는 것을 너무 쉽게 생각할 뿐 아니라 우선순위를 예배에 두지 않습니다. 시간 날 때 드리거나 스포츠와 여가활동을 위해 빠지는 것을 이상하게 생각하지 않습니다.

그래서 자녀들도 예배는 꼭 드려야 한다고 생각하지 않을 뿐더러 마음과 뜻과 정성을 다해 예배드리지도 않습니다. 부모의 뒷모습을 따라 잘못된 길로 들어서고 있는 것입니다.

세 번째로 아이들과 함께 감동과 도전을 주는 가정예배를 드려야 합니다. 아이들이 자라면서 가장 힘들어하는 것 중의 하나가 예배입니다. 가정

말씀의 거울

"그러므로 형제들아 내가 하나님의 모든 자비하심으로 너희를 권하노니 너희 몸을 하나님이 기뻐하시는 거룩한 산 제사로 드리라 이는 너희의 드릴 영적 예배니라"(롬12:1).

예배를 강조하는 집안에서 자란 아이들도 마찬가지입니다. 아니 오히려 예배드리는 것을 더 힘들어하는 아이들도 많습니다.

왜 그럴까요? 성령께서 역사하시는 예배가 될 수 있도록 잘 준비하지 못했기 때문입니다. 아이들의 눈높이를 고려해 준비하지 않고 딱딱하게 예배를 준비했기 때문입니다. 생각해 보세요. 아이들이 가정 예배를 드리면서 하나님을 경험하고 감동과 도전을 받는다면 왜 예배를 싫어하겠습니까? 준비되지 않은 채 예배만 강조했기 때문입니다.

사무엘상 2장 17절을 보면 이런 말씀이 있습니다.

"이 소년들의 죄가 여호와 앞에 심히 큼은 그들이 여호와의 제사를 멸시함이었더라."

예배를 멸시한 엘리의 아들들에 대한 성경의 시각입니다. 어느 날 우리 아이가 자라 엘리의 아들들처럼 교회 가는 것을 거부하고 예배드리는 것을 싫어한다면 그보다 더 가슴 내려앉는 일이 어디 있겠습니까?

하지만 우리는 주변에서 너무나 자주 그런 광경을 목격합니다. 예배의 감격을 알지 못한 채 습관적으로 교회에 와서 앉아 있는 아이들과 시험 때라고 예배를 빠지는 아이들을 종종 봅니다.

그러기에 아이들의 예배에 관심을 가져야 합니다. 아이들이 형식적인 예배가 아니라 성령께서 주관하시는 준비된 예배를 경험할 수 있도록 도와주어야 합니다.

　사역자들이 먼저 아이들이 교회에서 살아 있는 예배를 드릴 수 있도록 기도하며 기획해야 합니다. 그러나 그것만으로는 안 됩니다. 자녀에게 예배의 소중함을 가르치는 부모의 도움이 있어야만 합니다. 그렇게 할 때 우리 자녀들이 사무엘처럼 예배를 통해 하나님을 만나고 은혜와 감동을 느끼며 시대를 이끌어 가는 믿음의 사람으로 자랄 수 있기 때문입니다.

자녀를 위한 기도문

"예배 받기에 합당하신 주님!
예배의 소중함을 말하기 전에
참된 예배가 무엇인지 먼저 깨닫게 하시고
예배를 인생의 가장 우선순위로 두는 자가
성공한다는 것을 삶을 통해 증거하게 하소서.
예수님의 이름으로 기도합니다. 아멘."

마땅히 순결을 지켜야 하는 이유를 가르치라

사랑은 순결하지 않으면, 결코 그 깊이를 알 수 없다. - 작자 미상

이 시대를 살아가는 젊은이들에게 순결의 의미는 더 이상 육체적 순결이 아닌 임신 경험이 없는 것으로 의미가 변질된 채 사용 되고 있습니다. 여러 가지 영향이 있겠지만 무엇보다 TV 드라마나 영화와 같은 대중매체의 영향 때문입니다.

최근 미국의 캘리포니아대학이 랜드 사(Rand Corporation)와 공동으로 실시한 연구 결과에 따르면 외설적인 프로그램에 많이 노출된 12세에서 17세의 아이들은 적게 노출된 집단보다 어린 나이에 성적인 교제를 시작할 가능성이 두 배나 높게 나타났다고 보고했습니다.

실제로 청소년들 사이에서 '조건만 맞으면 몸을 내놓는 만남'이 유행처럼 번지고 있다고 합니다. '조건 만남'이란 젊은이들을 비롯해 청소년들 중 적지 않은 아이들이 자신의 얼굴, 키, 성매매 가격 등을 미리 제시해 자신을 성 상품화하는 것으로, 각종 포털 사이트나 채팅사이트, 전문 카페나 채팅방까지 개설돼 공공연히 이루어지고 있습니다. 게다가 확인된 전체 150여건의 조건 만남 중 60여건이 미성년자였다고 합니다.

뿐만 아니라 2005년 상반기 동안 최소한 매일 6명꼴로 미혼모가 생겨난다고 합니다. 미혼모는 16세에서 20세가 전체의 40.5%인 454명으로 가장 많았고, 21세에서 25세가 38.2%인 428명으로 뒤를 이었으며, 15세 이하도 15명이나 됐다고 합니다.

왜 이런 일이 일어나고 있습니까? 사랑과 성에 대한 왜곡된 생각 때문입니다. 성경이 가르쳐 준 사랑과 성은 인식하지 못한 채 세상이 TV 드라마나 영화를 통해 보여 주는 성과 사랑에 대한 생각을 자연스럽게 받아들이기 때문입니다.

자녀들이 이런 잘못된 인식으로 소중한 순결을 잃고 마음의 상처를 안고 살아가기 전에 성경이 가르쳐 주는 순결을 올바로 인식할 수 있도록 순결의 의미를 가르쳐 주어야 합니다.

그렇다면 자녀들에게 어떻게 순결을 가르쳐야 할까요? 먼저 자신의 몸이 그리스도의 몸이라는 사실을 가르쳐야 합니다. 성경은 우리 인간의 몸에 대해 무엇이라고 말씀하고 있습니까? 고린도전서 6장 15절은 말씀합니다.

"너희 몸이 그리스도의 지체인 줄 알지 못하느냐 내가 그리스도의 지체를 가지고 창기의 지체를 만들겠느냐 결코 그럴 수 없느니라."

그렇습니다. 우리의 몸은 그리스도의 지체입니다. 내 맘대로 쾌락과 순간의 즐거움을 위해 사용하는 몸이 아니라 그리스도의 일을 하기 위해 지어졌습니다. 우리는 자녀들에게 마음의 생각은 물론 그리스도의 지체로서 자신의 몸을 더럽혀서는 안 된다고 가르쳐야 합니다.

세상의 잘못된 가치관으로 만들어진 드라마나 영화 그리고 노래들이 몸을 사용해 쾌락을 추구하라고 부추기며, 몸을 갖고 섹스를 하는 것이 놀이라고 충동질한다 할지라도 그렇게 해서는 안 된다고 가르쳐야 합니다.

또한 거룩하신 주님처럼 자신의 몸과 마음을 거룩하게 지키도록 가르쳐야 합니다. 고린도전서 3장 16, 17절은 말씀하고 있습니다.

"너희가 하나님의 성전인 것과 하나님의 성령이 너희 안에 거하시는 것을 알지 못하느뇨 누구든지 하나님의 성전을 더럽히면 하나님이 그 사람을 멸하시리라 하나님의 성전은 거룩하니 너희도 그러하니라."

그렇습니다. 우리의 몸은 하나님의 거룩한 성전입니다. 그러기에 우리 자녀들에게 하나님의 성전으로서 거룩하게 사는 것을 가르쳐야 합니다. 세상이 세속화 된다고 해서 그 물결에 휩쓸려 가도록 내버려 두어서는 안 됩니다.

물론 그렇게 한다고 해서 아이들이 반드시 순결의 가치를 깨닫는 것은 아닙니다. 그렇다면 자녀들에게 순결에 대해 무엇을 더 가르쳐야 할까요? 보다 적극적으로 자녀들이 하나님의 뜻을 분별하도록 가르쳐야 합니다. 로마서 12장 2절은 말씀하고 있습니다.

"너희는 이 세대를 본받지 말고 오직 마음을 새롭게 함으로 변화를 받아 하나님의 선하시고 기뻐하시고 온전하신 뜻이 무엇인지 분별하도록 하라."

밀려드는 TV의 선정적인 드라마와 영화를 분별없이 보도록 방치한다면 자녀들은 어느새 성경적인 순결의 의미를 상실하고 세상적인 가치관을 받아들이게 될 것입니다. 자녀가 순결을 지키길 원한다면 세상을 살아가면서 자신을 향한 하나님의 뜻을 분별할 수 있도록 가르쳐야 합니다.

마지막으로 자신의 몸으로 하나님의 영광을 위해 살도록 가르쳐야 합니다. 고린도전서 6장 19, 20절은 말씀하십니다.

"너희 몸은 너희가 하나님께로부터 받은 바 너희 가운데 계신 성령의 전인 줄을 알지 못하느냐 너희는 너희의 것이 아니라 값으로 산 것이 되었으니 그런즉 너희 몸으로 하나님께 영광을 돌리라."

무슨 말입니까? 우리 몸은 소극적으로 순결을 지키기 위해서만 있는 것이 아니라 적극적으로 하나님의 영광을 위해 쓰임 받도록 예수님이 피 값을 주고 산 존재라는 것입니다. 부모는 자녀에게 자신의 몸과 존재의 가치를 알려 주어야 합니다. 우리 각자가 하나님의 영광을 위해 지어진 순결한 존재라는 것을 가르쳐 하나님의 영광을 위해 자신의 몸을 아낌없이 드릴 수 있도록 도와주어야 합니다.

그렇게 할 때 우리 자녀들은 자신의 몸과 존재의 가치를 깨닫고 세상의 유혹과 악하고 정욕적인 흐름 속에서도 자신의 몸을 지키며 그 몸을 하나님의 영광을 위하여 드리게 될 것입니다.

21세기에 진입하는 설레는 순간에 전해진 충격을 지금도 잊을 수가 없습니다. 19살 된 비정의 미혼모가 태어난 지 3주 된 젖먹이를 쌀자루에 담아서 살해하려다가 적발돼 충격을 주었습니다. 비정의 엄마는 전라북도 군산에 사는 10대로 고등학교 3학년 10월에 우연히 알게 된 남자와 관계를 가져 순결을 잃고 혼인신고까지 했지만 그것은 사랑이 아니었습니다.

사랑이란 이름으로 시작된 그들의 결합은 불과 1년도 가지 못했고 폭행과 주정에 시달리다 결국 이 같은 생활을 벗어나기 위해 범행을 저지르게 된 것입니다. 왜냐하면 갓 태어난 사내 아기가 걸림돌이라고 생각되었기 때문입니다. 한순간의 선택으로 순결을 잃었고, 꿈 많은 10대의 삶은 범죄자의 인생이 되고만 것입니다.

그런데 이러한 일들이 일회적인 사건이 아니라는 데 심각성이 있습니다.

1996년 6월 고교 2학년생인 B양은 우연히 알게 된 동네 오빠와 호기심에 성 관계를 갖고 자신의 집 화장실에서 아이를 낳았습니다. 그리고 두려운 생각에 화장실 뒤편에 버려 숨지게 한 사건이 있었습니다.

이러한 일련의 사건들을 우리는 사회의 한 일탈 현상으로 생각할 수도 있습니다. 하지만 이것은 우리 사회에 넓게 깔려진 성에 대한 잘못된 생각이 빚어낸 결과입니다.

10대의 미혼모가 급증하고 가수들은 느낌이 오면 혼전순결은 필요치 않다고 음란한 노래를 합니다. 대표적인 것이 어느 가수의 뮤직비디오입니다. 가수의 손이 바늘에 찔리는 순간 하얀 천에 피가 흐르는 장면, 즉 순결을 잃는 장면이 노골적으로 묘사되고 있습니다.

그뿐이 아닙니다. 인터넷에서 학생들은 성적인 것에 완전히 노출되어 있습니다. 원조교제를 한 학생들을 대상으로 조사한 결과 원조교제란 좋은 아르바이트라고 대답한 학생이 무려 80%가 넘었다고 합니다. 이런 시대 속에서 성경이 말하는 대로 우리가 순결한 몸으로 살아간다는 것, 그것은 결코 쉬운 일이 아닙니다.

그렇다면 이런 패역한 시대, 도덕이 땅 끝에 떨어진 시대 속에서 하나님이 창조하신 아름다운 몸과 마음을 순결하게 지키기 위해 우리는 어떻게 해야 할까요?

먼저 순결에 대한 하나님의 마음을 깨닫고 마음에 새겨야 합니다. 데살로니가전서 4장 3, 4절은 이렇게 말씀하고 있습니다.

예배 드리는 자녀가 성공한다

"하나님의 뜻은 이것이니 너희의 거룩함이라 곧 음란을 버리고 각각 거룩함과 존귀함으로 자기의 아내 취할 줄을 알고."

그렇습니다. 하나님의 뜻은 우리가 세상과는 구별된 삶, 즉 거룩함을 갖는 것입니다. 종교적인 행위에 참가한다고 해서 거룩한 사람이 되지는 않습니다. 아무리 교회에서 찬양 팀과 기도 모임에 많이 참여했다 하더라도 세상과 구별된 삶을 살지 않는다면 그 사람은 하나님이 원하시는 거룩이 무엇인지 모르는 사람입니다.

세상 친구들이 요즘에 깊은 이성교제하지 않는 사람이 어디 있냐고 할 때도 우리는 세상 풍조를 따라 가서는 안 됩니다. 우리는 세상에 살지만 세상 사람이 아니라 하나님의 사람이기 때문입니다. 그러기에 친구들이 어떻게 생각하는가, 내가 좋아하는 연예인들이 어떻게 생각하는가가 중요한 것이 아니라 하나님이 어떻게 생각하시는가가 중요한 것입니다.

요셉은 이런 점을 잘 알고 있었던 사람입니다. 요셉은 형제들에게 팔려 결국 애굽의 시위대장 보디발의 종이 되었습니다. 그런 가운데서도 하나님이 함께 하셔서 그 가정의 총무가 되기는 했지만 제일 힘든 것은 외로움이었습니다.

어린 시절 형제들에 의해 부모와 고향을 떠나 일가친척도 없는 그곳에서 요셉은 얼마나 처절하게 외로움과 싸워야 했을까요? 팔려온 신세였지만 총무가 되었기에 이젠 좀 즐기고 외로움을 달래고 싶은 마음은 더욱 간절했을 것입니다. 바로 그때 찾아온 유혹이 바로 성적인 유혹이었습니다. 은밀한 유혹이었기에 외로움을 달래고 오히려 총무 일도 더 편해질 수 있는 기회였습니다.

하지만 이것은 세상의 기준입니다. 요셉은 그 유혹의 순간 하나님을 생각했습니다. 그래서 보디발의 아내가 유혹해 왔을 때 "이 집에는 나보다 큰 이가 없으며 주인이 아무 것도 내게 금하지 아니하였어도 금한 것은 당신뿐이니 당신은 자기 아내임이라 그런즉 내가 어찌 이 큰 악을 행하여 하나님께 득죄하리이까"(창39:9)라고 대답할 수 있었습니다.

그렇습니다. 요셉이 순결을 지키기 어려운 순간에도 하나님이 주신 순결함을 지킬 수 있었던 것은 하나님의 뜻이 무엇인지 분명히 알고 가슴에 새기고 있었기 때문입니다.

시대가 아무리 도덕적으로 타락했다고 해도 그것이 우리가 순결을 잃어버려도 되는 이유가 될 수는 없습니다. 우리는 예수의 십자가 보혈로 거듭난 하나님의 자녀이기 때문입니다.

더 나아가서 어떻게 하면 순결한 하나님의 백성으로 행복하게 살아갈 수 있을까요? 자녀들이 편하게 나아오도록 환경을 조성하여 이성문제를 부모와 상의하게 하십시오. 부모의 지도에 순종하는 자녀는 순결을 지킬 수 있습니다. 성경 사사기 14장 3절과 6절을 보세요.

"부모가 그에게 이르되 네 형제들의 딸 중에나 내 백성 중에 어찌 여자가 없어서 네가 할례 받지 아니한 블레셋 사람에게 가서 아내를 취하려 하느냐

삼손이 아비에게 이르되 내가 그 여자를 좋아하오니 나를 위하여 그를 데려 오소서 하니"(3절).

"그 행한 일을 부모에게도 고하지 아니하였고"(6절).

또 16장 1절과 4절을 보세요.

"기생을 보고"(1절).

"이 후에 삼손이 소렉 골짜기의 들릴라라 이름하는 여인을 사랑하매"(4절).

사랑하는 여러분! 우리가 순결 뿐 아니라 신앙생활을 할 때 꼭 기억해야 하는 것이 있습니다. 보이는 육신의 부모에게 순종하지 않는 사람이 보이지 않는 하나님께 순종할 수 없다는 것입니다. 삼손은 이스라엘의 사사 중에 가장 능력을 많이 받았지만 그는 하나님 앞에 귀히 쓰임 받을 수 없었습니다. 왜냐하면 부모를 무시했기 때문입니다.

성경은 부모를 공경하라, 이것이 네가 이 땅에서 잘되고 장수하는 비결이라고 말씀하고 계십니다. 그러나 삼손은 부모의 가르침을 무시하고 있습

말씀의 거울

"너희 몸은 너희가 하나님께로부터 받은 바 너희 가운데 계신 성령의 전인 줄을 알지 못하느냐 너희는 너희 자신의 것이 아니라 값으로 산 것이 되었으니 그런즉 너희 몸으로 하나님께 영광을 돌리라"(고전6:19-20).

니다. 자기에게 일어난 일을 부모에게 고하지도 않았습니다. 그러자 그를 바른 길로 인도할 수 있는 부모의 권위는 효력을 발할 수 없게 된 것입니다.

결국 기생을 보고 느낌에 이끌리기도 하고 마침내 소렉 골짜기의 들릴라라고 하는 여인을 사랑하게 되었습니다. 사랑해선 안 될 사람을 사랑한 것입니다.

하나님이 가르쳐 주신 사랑, 언제나 오래 참고 온유하며 시기하지 않고 진리와 함께 기뻐하는 사랑이 아니라 감정적이고 격정적이며 느낌대로 사랑하는 것입니다. 이것은 사랑이 아닙니다.

왜 이렇게 되었습니까? 부모의 말을 무시했기 때문입니다. 부모에게 자신에게 일어난 일을 고하지 않았기 때문입니다.

한 여학생이 어느 날 교회 다니는 남자 아이에게서 꽃과 핸드폰을 선물 받았습니다. 여학생은 그 핸드폰에 눈이 어두워서 그냥 받아들고 왔습니다. 그로부터 이 여학생에게 계속해서 사랑한다는 문자메시지가 떴습니다.

"너 없는 세상은⋯." 결국 이 둘은 관계를 가졌고 남자 아이는 관계 후 더 이상 여자 아이를 찾지 않았습니다. 한 여학생이 소중한 순결을 너무나 쉽게 잃어버린 것입니다.

왜 이렇게까지 되었을까요? 부모에게 말하지 않고 자기 임의대로 자기가 느끼는 대로 이성교제에 빠졌기 때문입니다.

사사기 16장 16절을 보십시오. 부모에게 말하지 않고 자기 멋대로 이성교제에 빠진 결과가 무엇입니까?

"번뇌하여 죽을 지경이라."

그렇습니다. 죽을 지경이었습니다. 요즘 낙태의 30%가 중고생이라고 합니다. 한 번, 한순간 잘못된 판단과 행동으로 미혼모가 된 사람을 상상해 보십시오. 아마 죽을 지경일 것입니다. 그래서 자신이 낳은 아이를 화장실에 버리기도 하는 것입니다. 잘못된 이성교제로 얼마나 치명적인 비극이 찾아오고 있습니까?

세상이 이런 상황이므로 자녀들이 하나님이 주신 선물인 성을 결혼 전까지 순결하게 지키려는 결단을 하도록 교육하는 일은 너무나도 힘겹습니다.

"진정한 사랑은 기다리는 것"이란 캠페인이 1993년 미국의 침례교회에서 시작되었습니다. 59명의 청소년들이 혼전 순결 서약 예배를 드린 것입니다.

이제 이것이 우리에게까지 왔습니다. 그리고 성경은 우리에게 순결을 요구하고 있습니다. 성경은 말씀하시기를 내가 거룩하니 너희도 거룩하라고 말씀하십니다. 불이 벽난로 안에 있으면 우리에게 따뜻함을 주지만 밖으로 나오는 순간 위험한 것으로 변하듯, 하나님이 주신 성(性)도 결혼 전까지 말씀과 가정 안에서 지킨다면 행복한 미래가 약속되지만 한순간의 유혹에 넘어간다면 되돌릴 수 없는 길을 가게 됩니다. 사랑하는 자녀들이 하나님 앞에서 순결한 삶을 살아가도록 힘써 지도하는 부모가 되십시오.

자녀를 위한 기도문

"거룩하신 하나님!
이 세상 풍조에 휩쓸리지 않는 자녀 되게 하소서.
순결한 몸과 마음을 지닌 하나님의 백성으로
거룩한 삶을 살아가게 하소서.
예수님의 이름으로 기도합니다. 아멘."

하나님이 허락하시는 고난은
성숙으로 이끄는 축복이다

사막이 아름다운 것은 어딘가에 샘이 숨겨져 있기 때문이다. – 생텍쥐페리

"젊어서 고생은 사서 한다"는 말이 있습니다. 고난이
유익하다는 말입니다. 정신과 전문의 에릭 린드맨 박사가
어려움을 당한 사람들을 대상으로 조사를 했습니다. 그 결
과 병든 사람들, 사업에 실패한 사람들 등 어려움과 위기를 당한 사람들의
85%가 결국 고난이 축복이 되었다는 결론을 얻었다고 합니다.

하지만 오늘을 살아가는 우리 자녀들은 이 고난의 축복을 잃어 버렸습니
다. 고난을 견디기 힘들어합니다. 고난을 실패로 받아들입니다. 어려움을
견디지 못하고 자신의 소중한 생명을 던지는 안타까운 사건이 주변에서 심

심치 않게 일어나고 있습니다. 성적이 좀 떨어졌다거나 못생겼다거나 따돌림을 당한다는 이유로 죽어 버리겠다고 나서는 청소년들이 늘고 있습니다.

얼마 전에는 10대 후반의 고교 2학년이 못생겼다는 말 한마디에 4층 교실에서 뛰어내려 충격을 주었습니다. 이 사건은 우리 자녀들의 마음이 얼마나 황폐해지고 약해졌는지를 단적으로 보여 주고 있습니다.

이런 풍토 속에서 부모의 역할은 자녀가 어려움을 당하지 않기를 바라기보다 자녀에게 고난의 축복이 무엇인지 가르치는 것입니다.

그렇다면 고난이 축복인 것을 어떻게 가르칠 수 있을까요? 무엇보다 자녀에게 고난의 유익을 가르쳐야 합니다. 17C 영국의 신학자 토마스 아담스(Thomas Adams)는 "그대에게 시련을 주는 것은 무엇이나 그대의 유익으로 계산하라"고 말했습니다. 고난이 우리에게 도움이 된다는 것입니다.

고난은 어떤 유익이 있을까요? 시편 119편 67절에서 72절은 세 가지로 말씀하고 있습니다.

첫째로 고난은 자녀들의 잘못을 깨닫게 해 줍니다. 시편 119편 67절은 말씀하고 있습니다.

"고난 당하기 전에는 내가 그릇 행하였더니 이제는 주의 말씀을 지키나이다."

무슨 말입니까? 하나님은 고난을 통해 우리 자녀들의 잘못을 깨닫게 하고 영혼으로부터 죄를 분리해 줍니다.

다시 말해 고난이 잘못된 길에서 자녀를 돌이키게 한다는 것입니다.

17년간 청소년들을 상담하고 그들의 부모님을 만나면서 알게 된 사실은, 고난 당하는 것을 두려워하는 부모 밑에서 자란 아이들이 오히려 잘못된 길로 들어서는 경우가 더 많았다는 사실입니다.

두 번째로 고난은 자녀들로 하여금 말씀을 깨닫게 해 줍니다. 시편 119편 71절은 말씀하고 있습니다.

"고난 당한 것이 내게 유익이라 이로 인하여 내가 주의 율례를 배우게 되었나이다."

고난을 통해서 하나님의 말씀을 배웠다는 것입니다.

하나님의 말씀은 지식으로 깨달아지는 것이 아니라 고난이라는 도구를 통해서 습득된다는 말입니다. 교실에서가 아니라 고난이라는 삶의 현장에서 깨우치는 것입니다. 그러나 고생을 경험한 부모는 자녀에게 고난의 길을 걷게 하지 않습니다. 자신들이 누리고 있는 현재의 축복이 고난을 통해 얻어졌다는 사실을 망각하고 있기 때문입니다.

세 번째로 고난은 자녀가 말씀의 가치를 알게 해 줍니다. 시편 119편 72절은 말씀하고 있습니다.

말씀의 거울

"나의 가는 길을 오직 그가 아시나니 그가 나를 단련하신 후에는 내가 정금 같이 나오리라"(욥23:10).

"주의 입의 법이 내게는 천천 금은 보다 승하니이다."

말씀이 금, 은, 보화보다 낫다는 것입니다. 이 고백이 어떻게 나왔습니까? 고난 때문입니다. 고난을 통해 자신의 잘못과 말씀을 배우게 되니 고난이야말로 축복이라는 것입니다.

하지만 현대 크리스천 부모에게 가장 큰 문제는 고난이 축복이라고 믿는 사람들이 없다는 데 있습니다. 머리로는 받아들이지만 아무도 자신의 자녀가 고난이라는 학교에 들어가는 것을 원하지 않습니다.

스위스의 법학자며, 철학자인 힐티(Carl Hilty)는 현대 세계가 고난을 무서워하는 것은 하나님을 믿지 않기 때문이라고 고난 공포증에 휩싸인 현대인을 향해 따끔한 충고를 던졌습니다.

우리가 하나님을 신뢰한다면 자녀들에게 고난의 축복을 가르쳐야 합니다. 부모가 먼저 고난을 두려워하지 않는 믿음을 보여 주어야 합니다. 고난을 통해서 자신의 잘못을 깨닫고 하나님의 살아 있는 말씀을 배우는 축복을 자녀들에게 나누어 주어야 합니다. 왜 그렇습니까? 고난이 축복이기 때문입니다.

1901년에 노벨 물리학상을 받은 빌헬름 뢴트겐(Wilhelm Conrad Rontgen ; 1845-1923)은 엑스레이를 발명하였습니다.

그런데 뢴트겐은 고등학교 시절 졸업을 앞두고 불미스러운 사고를 저질러 퇴학을 당했습니다. 독일의 대학에 진학하지 못하고 스위스의 공과대학에 입학을 하게 되었습니다. 그러나 졸업 후에도 고등학교 중퇴라는 것 때문에 취직을 할 수 없었습니다.

뢴트겐은 할 수 없이 불미스러웠던 과거의 행동을 진심으로 뉘우치며 학문 연구에 몰두하기 시작했습니다. 고통스러운 과거를 분발의 계기로 삼아 무섭게 연구했습니다. 다른 사람들보다 더욱 열심히 부지런히 연구한 결과, 연구 업적이 알려져 48세 때 대학교 총장에 임명되었습니다. 그 후 엑스레이를 발명하여 노벨 물리학상까지 받았습니다. 그에게는 고등학교 시절의 고난이 그의 인생을 더욱 빛나고 성공적으로 만들어 준 것입니다.

사랑하는 여러분, 고난이 있습니까? 자녀로 인해 어려움을 겪고 계십니까? 아니 사랑하는 자녀가 고난을 지나가고 있습니까? 그렇다면 그 고난은 축복임을 믿으시기 바랍니다. 그리고 고난의 바다를 지나고 있는 자녀에게 고난이 축복임을 당신의 삶으로 가르쳐 주시기 바랍니다. 그렇게 할 때 여러분의 자녀는 어떤 어려움과 고난이 찾아온다 할지라도 그 고난의 바다를 헤쳐 나가 형통하는 인생을 살아갈 수 있습니다.

자녀를 위한 기도문

"자녀가 겪는 고난을

믿음의 눈으로 볼 수 있는 부모가 되게 하소서.

고난을 통해 죄를 깨닫고

말씀에 순종하는 삶으로 돌아오게 하소서.

고난을 통해 자녀를 단련하셔서

정금 같이 정결한 하나님의 사람이 되게 하소서.

예수님의 이름으로 기도합니다. 아멘."

복음을 모르는 사람은
크리스천이 아니다

참된 삶을 맛보지 못한 자만이 죽음을 두려워한다. - 제이 메이

2005년 한미준(한국 교회의 미래를 준비하는 모임)과
한국갤럽리서치에서 보고한 '한국교회 미래 리포트'에 따
르면 전도에서 가족의 전도가 가장 중요함을 알 수 있습니
다. 왜냐하면 '누구의 전도를 받아 교회에 나오게 되었느냐?'는 질문에 '가
족의 전도를 받았다'고 대답한 사람이 46.6%였을 뿐 아니라 청년이 되기 전
우리 자녀들이 그리스도를 영접하는 확률이 무려 58.9%에 이르고 있기 때
문입니다. 그러기에 자녀들을 위한 복음 전도는 무엇보다 중요한 부모의 의
무라고 할 수 있습니다.

그런데 문제는 전도 받을 때 느낌이 긍정적인 것이 11%에 불과하고 부정적인 느낌이 83.9%에 이른다는 것입니다. 무슨 말입니까? 가족의 전도가 매우 중요한 데 반해 효과적이지 않다는 말입니다.

부모들은 자녀들에게 '어떻게 복음을 제시해야 하는지, 어느 정도의 나이에 복음을 전해야 하는지' 고민하면서 생활의 분주함과 전도에 대한 두려움 때문에 자녀의 영혼 구원 문제를 미루고 있습니다.

그냥 '아이들이 교회 다니다 보면 저절로 예수를 믿게 되겠지'라는 막연한 기대를 하면서 자녀들이 복음에 응답할 수 있는 기회를 제공하지 못하고 종교적인 형식과 틀에 익숙한 아이들로 만들고 있습니다.

그러나 이런 입장은 결국 자녀가 어릴 적부터 교회는 다녔지만 예수님을 인생의 구원자요, 주님으로 영접하지 않고 교회만 다니는 불신자로 방치할 뿐 아니라 하나님을 적대하는 사람으로 만들 수도 있습니다. 크리스천 부모로서, 아니 아이들의 영혼을 지도하는 교사로서 가장 중요한 것은 자녀에게 효과적으로 복음을 알게 하는 일입니다.

그렇다면 어떻게 해야 자녀가 효과적으로 복음을 알게 할 수 있을까요?

가장 중요한 것은 복음을 제시하는 일에 대해서 두려움을 버리는 것입니다. 효과적인 전도는 사람의 말이 아니라 하나님의 능력에 있습니다. 성령님의 도우심을 통해서 전도의 열매가 맺어지는 것이지 사람의 지혜 있는 말로 되는 것이 아니라는 것입니다.

무슨 말입니까? 전도의 주도권은 하나님에게 있지 사람에게 있는 것이 아니라는 말입니다. 그러나 많은 부모들은 이 사실을 받아들이지 않기 때문에 자녀에게 복음을 제시하는 것을 꺼리고 자녀들은 믿음의 가정에서 자라면서도 믿음을 갖지 못하는 불행한 경우가 생깁니다.

두 번째로 복음을 알게 할 때 충분한 시간을 갖고 철저히 복음을 전해야 합니다. 복음을 전할 때 자녀가 긍정적인 반응을 보였다고 해서 구원을 얻기 위한 충분한 믿음을 가졌다고 섣불리 판단하지 말라는 것입니다.

많은 부모들은 어린 아이들이 초기에 보이는 긍정적인 반응을 보고 구원을 얻었다고 생각합니다. 예를 들면 아직 인격적인 믿음을 고백할 수 없는 어린 아이가 예수님을 마음에 초청하는 기도를 따라했다고 해서, 교회활동을 열심히 한다고 해서 아이에게 구원을 얻는 믿음이 생겼다고 확신할 수는 없다는 것입니다.

그러기에 부모는 자녀들이 복음을 분명히 들을 수 있도록 하나님의 거룩하심과 인간의 변하지 않는 근본적인 죄성을 알게 해야 합니다. 그리고 죄인을 위해 십자가에 달려 죽으셨다가 부활하신 그리스도의 사역과 예수님을 구원자요 주님으로 영접할 마음이 있는지 철저히 살펴야 합니다.

말씀의 거울

"누구든지 자기 친족 특히 자기 가족을 돌아보지 아니하면 믿음을 배반한 자요 불신자보다 더 악한 자니라"(딤전5:8).

세 번째로 복음을 잘 알게 하기 위해서는 너무 정형화된 복음 제시 방법에 의존하지 말아야 합니다. 4영리라든지 브릿지 전도는 짧은 시간에 복음을 전할 수 있는 방법임에는 틀림없지만 언제나 통하는 전도방법은 아닙니다. 오히려 시간의 여유를 갖고 아이가 복음에 반응할 수 있도록 여러 각도로 복음을 제시할 수 있는 훈련을 해야 합니다.

예수님은 사마리아 여인에게는 '영생하는 물'을 주제로, 이스라엘의 선생으로 성경을 잘 알고 있었던 니고데모에게는 '거듭남'이란 주제로 복음을 제시한 것처럼 아이들이 복음에 대해 관심을 갖고 자신의 영적인 상태를 볼 수 있도록 복음을 전해야 합니다.

예를 들면 죄에 대한 자각이 없는 아이들에게는 죄가 단순히 살인이나 간음만을 의미하는 것이 아니라 하나님께 불순종하는 것임을 부모와 자녀의 관계를 통해서 설명해 준다든지, 이성적이고 추상적인 사고로 접근하는 아이들에게는 진화론의 허구와 보이지 않지만 세상에 존재하는 것에 대한 접촉점을 갖고 복음을 제시한다면 더 효과적일 수 있습니다.

그러나 복음을 알게 하려는 노력보다 중요한 것은 복음으로 변화된 부모의 뒷모습을 지속적으로 보여 주는 것입니다.

교육현장에서 아이들이 던지는 질문이 무엇인지 아십니까? 그것은 '예수님을 믿는 우리 부모님이 어떻게 이중적인 생활을 할 수 있느냐?'입니다. 많은 부모들이 아이들에게 신앙고백을 듣기 위해 복음의 내용을 열심히 가르쳐 주지만 정작 복음으로 변화된 자신의 모습은 보여 주지 못하기 때문입니다.

그러기에 자녀에게 복음을 제시했는데 아이들이 복음을 받아들이지 않았다고 해서 뒤로 물러서거나 복음을 강요해서는 안 됩니다. 오히려 복음이 더 깊이 있게 들어갈 수 있도록 자신의 모습을 돌아보면서 다시 복음을 전해야 합니다. 부모가 그리스도 안에서 날마다 성장해 가며 행복해 하는 모습을 아이들이 바라보고, 그 이유가 바로 부모가 제시한 복음 때문이라는 것을 알게 될 때 아이들은 살아 있는 그리스도의 복음을 듣고 믿음을 가질 수 있기 때문입니다.

여러분의 자녀는 어떻습니까? 지금 죽어도 천국 갈 준비가 되어 있습니까? 만약 그렇지 않다면 성경은 우리에게 이렇게 도전하고 있습니다.

"누구든지 자기 친족 특히 자기 가족을 돌아보지 아니하면 믿음을 배반한 자요 불신자보다 더 악한 자니라"(딤전5:8).

자녀를 위한 기도문

"가족들에게, 자녀에게
효과적으로 복음을 전할 수 있는 지혜를 주시고
복음 전하기를 절대 포기하지 않게 하소서.
무엇보다 저의 삶이
복음을 드러내게 하소서.
예수님의 이름으로 기도합니다. 아멘."

05

성경으로 경건의 삶을
훈련시키라

하고자 하는 목표를 이루기 위해서는 그 잔인한 악마들도 성경을 이용한다.
– W. 세익스피어

최근 교회마다 심각한 고민이 있습니다. 청소년은 물론 어린이 부서들이 침체되고 있다는 사실입니다. 더 심각한 것은 교회를 나오고 있는 아이들이 성경을 모른다는 것입니다.

예전보다 더 많은 경건 자료들이 쏟아지고 있지만 성경을 일독한 아이들은 점점 줄어들고 있습니다. 이것은 아이들이 기독교적인 가치관을 갖는 성인으로 자라는 데 심각한 문제가 되고 있습니다. 교회를 다녀도 성경을 모르기에 종교적인 분위기에 익숙해져 있을 뿐 성숙한 신앙인으로 자라고 있지 못합니다.

그러나 우리가 잘 아는 위대한 정치인 링컨은 성경을 잘 아는 사람이었습니다. 미국 학교 교재 중에 「미국을 사랑했던 사람들」(The American Patriot's Handbook)에 링컨이 영향력 있는 인물이 된 이유가 기록되어 있습니다.

"링컨은 가정 형편이 어려워 학교 공부는 많이 하지 못했지만 '성경을 읽고 또 읽어' 위대한 사람이 되었다."

그렇습니다. 기독교 자녀 양육의 핵심은 성경 교육입니다. 자녀에게 성경을 알게 할 때 믿음의 사람으로 자라 사회에 기여할 수 있는 인물이 될 수 있는 것입니다.

그렇다면 어떻게 자녀에게 성경을 알게 할 수 있을까요? 하나님의 말씀을 읽게 해야 합니다. 성경을 읽어 보면 이스라엘이 하나님을 떠나 어려움을 당하다 회복하려 할 때 반드시 행했던 것이 있습니다. 그것은 성경에 귀를 기울였다는 점입니다. 느헤미야도 그랬습니다. 느헤미야 8장 3절에 이런 말씀이 있습니다.

"수문 앞 광장에서 새벽부터 오정까지 남자, 여자 무릇 알아 들을만한 자의 앞에서 읽으매 뭇 백성이 그 율법책에 귀를 기울였는데."

사랑하는 여러분, 세상은 전쟁터입니다. 악한 영의 세력과 싸워야 하는 전쟁터입니다. 철저히 무장하지 않은 사람은 죽을 수밖에 없습니다. 적에 의해 쓰러질 수밖에 없습니다.

저는 신앙생활을 잘 하는 것 같은 아이들이 갑자기 쓰러져 죽음의 세상으로 나가는 것을 수도 없이 보아왔습니다. 왜 그렇게 되었을까요? 영적으로 무장하지 않았기 때문입니다. 그러기에 세상에서 쓰러지지 않으려면 말씀으로 무장해야 합니다. 말씀은 마치 상대를 쓰러뜨릴 수 있는 검과도 같기 때문입니다.

그렇다면 어떤 사람이 말씀으로 무장한 사람입니까? 말씀 듣는 것에 집중하는 사람입니다. 이스라엘 백성이 그랬습니다. 그들은 스스로 말씀 듣기를 원했습니다. 그래서 수문 앞 광장에 자진해서 모인 것입니다.

말씀을 얼마나 간절히 사모했으면, 새벽부터 오정까지 6시간 동안 들었습니다. 그것도 서서 6시간 동안 들었습니다. 말씀이 선포될 때마다 "아멘, 아멘"하며 열심을 다해 들었습니다. 그러기에 자녀를 양육할 때 무엇보다 말씀에 귀 기울일 수 있도록 해야 합니다.

말씀의 거울

"모든 성경은 하나님의 감동으로 된 것으로 교훈과 책망과 바르게 함과 의로 교육하기에 유익하니 이는 하나님의 사람으로 온전케 하며 모든 선한 일을 행하기에 온전케 하려 함이니라"(딤후 3:16-17).

매일 하나님의 말씀을 읽는 습관을 갖도록 도와주어야 합니다. 어릴 적부터 훈련되지 않으면 인생의 가치관을 정립하는 청소년기에 세상의 사상과 흐름에 쉽게 넘어가기 때문입니다. 게임은 6시간을 해도 지루해 하지 않으면서 말씀은 일주일에 한 시간도 읽지 않는 아이들의 문제는 부모가 아이들에게 성경 읽는 습관을 가지도록 도와주지 않았기 때문입니다.

두 번째로 자녀가 성경을 알게 하기 위해서는 어떻게 해야 할까요? 하나님의 말씀을 깨달을 수 있도록 도와주어야 합니다. 느헤미야 8장 8절은 말씀하고 있습니다.

"하나님의 율법책을 낭독하고 그 뜻을 해석하여 백성으로 그 낭독하는 것을 다 깨닫게 하매."

영적 무장을 하는 것은 매우 중요합니다. 아무리 강조해도 지나치지 않습니다. 그런데 무장한 무기가 녹이 슬었다면 어떻게 될까요? 칼이 있는데 칼날이 무디어져 있다면 어떻게 될까요? 보나 마나입니다. 무장하지 않은 것과 똑같은 결과를 가져올 것입니다.

마찬가지입니다. 말씀을 열심히 들었는데 깨닫지 못한다면 소용이 없습니다. 느헤미야 8장에는 '깨닫는다'는 의미인 영어 'understanding'이라는 단어가 6번이나 강조되고 있습니다. 깨닫는 것이 중요하기 때문입니다.

요즘 믿음의 다음 세대들이 어려워하는 것이 무엇입니까? 말씀을 오랫동

안 들었습니다. 엄마의 강요에 못 이겨 어릴 적부터 교회에 나가서 말씀을 들었습니다. 그런데 깨닫지를 못하는 것입니다.

'예수님이 나를 위해 십자가에 못 박혀 죽으시고 부활하셨다'는 말을 수 없이 들었는데 깨달아지지가 않는 것입니다. 왜 깨달아지지 않는 것일까요? 해석이 안 되기 때문입니다. 그러니 아침에 모처럼 맘먹고 성경을 읽고 큐티를 하려고 해도 작심삼일로 끝나는 것입니다.

일본의 미즈노 겐죠는 초등학교 4학년 때 심한 이질에 걸려 장애우가 되었습니다. 뇌성마비로 아무 것도 움직일 수 없었습니다. 하루하루 절망 속에 살아가던 미즈노는 한 목사님을 통해서 예수님을 만나고 성경을 읽기 시작했습니다.

어머니는 미즈노를 자신에게 기대게 한 후 성경을 한 장씩 읽어 주기 시작했습니다. 어머니가 책장을 넘겨주지 않을 때는 한 장을 수십 번씩 읽기도 했습니다. 이렇게 성경을 읽자 미즈노의 마음에 희망이 싹트기 시작했습니다. 그리고 미즈노는 이 희망을 시에 담아 사람들에게 희망을 주는 한 권의 시집이 탄생하게 되었습니다. 그 시집에는 이런 시가 있습니다.

'내가 괴롭지 않았다면 하나님의 사랑을 받아들이지 않았으리라.

모든 형제자매들도 괴롭지 않았다면 하나님의 사랑은 전해지지 않았으리라.

만일 우리 주님이 괴롭지 않았다면 하나님의 사랑을 나타낼 수 없었으

리라.'

성경을 읽으면서 발견한 희망, 그것은 주님의 사랑이었고 그 사랑은 미즈노에게 절망 속에 있는 세상을 희망으로 바꾸었습니다.

프랑스의 철학자 볼테르는 "성경과 기독교는 백년이 못 가서 없어질 것이다"라고 말했습니다. 그리고 그는 1778년 죽었습니다. 그러나 성경은 지금까지 수많은 사람들에게 수많은 언어로 읽혀지고 있습니다. 그가 죽은 지 200년이 지난 뒤 그의 집은 프랑스의 성서공회가 되었고 그의 집에는 성경이 가득하게 되었습니다. 이사야 40장 8절은 말씀하고 있습니다.

"풀은 마르고 꽃은 시드나 우리 하나님의 말씀은 영영히 서리라."

믿으십니까? 그렇다면 자녀에게 성경을 알게 하십시오. 말씀을 듣고 읽게 하십시오. 자녀가 말씀을 잘 깨달을 수 있도록 가르치십시오. 그렇게 할 때 우리 자녀들은 기독교 가치관을 가지고 세상에 나가 하나님의 사람으로 느헤미야처럼 영향력 있는 사람이 될 것입니다.

자녀를 위한 기도문

"영원하신 하나님의 말씀이

자녀 교육의 교과서가 되게 하소서.

말씀을 통해 삶의 길을 발견하며

매 순간에 삶의 지침을 받는 자녀가 되게 하소서.

세상에 말씀을 홍왕케 하는

말씀의 사람으로 자라게 하소서.

예수님의 이름으로 기도합니다. 아멘."

X-마스가 아니라
성탄절이다

제일 어려운 수학 문제는 우리가 신이나 이웃에게서 받은 축복을 세어 보는 것이다.
– 십대들의 쪽지

믿는 사람들이라면 누구나 성탄을 기다립니다. 하지만 교회에 다니면서도 성탄의 의미를 알지 못한 채 산타클로스에게서 선물을 기대하는 어린 아이나, 친구들과 어울려 노는 날로 기대하는 자녀들이 많아지고 있습니다. 실제로 초등학생들에게 '성탄절의 의미'를 물었더니 '산타클로스의 생일'이라고 대답한 학생이 무려 64%나 되었다고 합니다.

한 웹사이트에 어떤 소년이 이런 일기를 적었습니다.

12월 23일, 어제 우리는 매년 그랬던 것처럼 큰 크리스마스 트리를 화려하게 장식했습니다. 그리고 캐롤을 틀어 놓았습니다. 그런데 엄마는 성탄이 되면 할머니 두 분이 집에 오시기 때문에 늘 견딜 수 없어 하십니다. 엄마는 할머니를 참 싫어합니다. 하지만 나는 할머니가 선물을 가장 많이 주시기 때문에 할머니를 좋아합니다.

12월 24일, 오늘은 일 년 중 우리 가족이 교회에 가는 유일한 날입니다. 엄마는 단지 다른 사람들의 시선이 두렵기 때문에 가십니다. 나는 선물을 많이 받았습니다. 큰 할머니는 선물을 풀기 전에 성탄 노래를 부르기 원하시지만 우리 모두 그것을 좋아하지 않습니다. TV에서는 재미있는 영화가 방송되고, 아빠는 TV에 빠져 성탄을 보내십니다.

아빠는 결국 핸드폰을 선물해 주셨고, 할머니는 내가 원하는 컴퓨터를 사 주셨고, 엄마는 입고 싶던 옷을 사 주셨습니다. 그리고 돈 10만원을 받았습니다. 이것으로 친구들과 함께 놀 예정입니다. 이어서 우리 가족은 성탄을 기념해서 만든 저녁 식사를 하고 계속해서 TV의 개그프로를 보며 시간을 보냈습니다.

12월 27일, 아빠는 트리를 치우셨고 할머니들은 떠나셨으며 엄마는 드디어 기쁨을 찾으셨습니다. 엄마는 할머니가 주신 식탁보를 창고에 쑤셔 넣었습니다. 그 물건을 하찮게 여기시기 때문입니다.

그런데 참 이상합니다. 난 이번 주 내내 크리스마스를 기대하며 기다렸는데 지금 남아 있는 것은 텅 빈 허전함과 절망감뿐이니 말입니다. 선물 말고 내게 남아 있는 건 도대체 무엇일까? 원래 성탄은 예수님께서 탄생하신 것을 기뻐하며 기념하는 날인데 난 이것에 대해서는 전혀 느낀 적도, 들어 본 적도 없습니다.

어떻습니까? 혹시 이것이 우리 자녀들의 모습은 아닐까요? 매년 화려한 크리스마스를 보내고 있지만 성탄의 의미를 깨닫지 못한 채 허전함과 절망감 속에 살아가고 있는 것은 아닐까요? 크리스천 부모라면 무엇보다 자녀들에게 성탄의 의미를 깨닫게 해 주어야 합니다.

자녀들에게 성탄의 의미를 어떻게 가르쳐 주어야 할까요?

첫 번째로 성탄은 하나님이 우리를 죄에서 구원하기 위해 이 땅에 오신 날임을 알려 주어야 합니다. 마태복음 1장 21절은 말씀하고 있습니다.

"아들을 낳으리니 이름을 예수라 하라 이는 그가 자기 백성을 저희 죄에서 구원할 자이심이라 하니라."

2000년 전 예수님은 이 땅에 오셨습니다. 왜 그리스도의 이름이 예수입니까? '예수'라는 이름이 '자기 백성을 저희 죄에서 구원할 자'라는 뜻이기 때문입니다. 하지만 크리스마스를 지내면서 예수님이 자신을 구원하기 위해 오신 날이라는 사실을 기억하는 자녀들은 많지 않습니다. 아이들의 관심은 최신형 휴대폰을 비롯해 받고 싶은 선물을 받을 수 있느냐 없느냐에 있습니다.

그러기에 자녀들에게 크리스마스는 예수님께서 우리의 죄를 구원하시려고 인간이 되셨을 뿐 아니라 마침내 십자가에 못 박혀 죽으시고 부활하셨다는 사실을 깨닫게 해 주어야 합니다.

두 번째로 자녀에게 성탄은 예수님께 영광을 돌리는 날임을 알게 해야 합니다. 누가복음 2장 20절을 보면 밤에 밖에서 양을 치던 목자들이 천사가 전해 준 예수의 소식을 듣고 어떤 반응을 보였는지 알 수 있습니다.

천사들이 예수님의 탄생을 "지극히 높은 곳에서는 하나님께 영광이요 땅에서는 기뻐하심을 입은 사람들 중에 평화로다"(눅2:14)라고 찬송하자 목자 자신들이 듣고 본 일을 가지고 하나님께 영광을 돌리고 찬송하며 돌아갔다고 했습니다.

사실 크리스마스의 의미도 하나님께 예배로 영광을 돌리는 것이라고 할 수 있습니다. 왜냐하면 크리스마스의 '크리스'는 그리스도를 의미하고 '마스'는 예배를 뜻하기 때문입니다. 그런 점에서 흔히들 말하는 X-마스는 잘못된 말입니다. 도무지 무엇이라고 종잡을 수 없는 세대를 X-세대라고 칭했던 것처럼 X-마스도 '도무지 무엇'이라고 규정하기 어려운 날이라는 의미를 담고 있기 때문입니다. 그러므로 부모들은 자녀들에게 크리스마스 선

말씀의 거울

"홀연히 허다한 천군이 그 천사와 함께 있어 하나님을 찬송하여 가로되 지극히 높은 곳에서는 하나님께 영광이요 땅에서는 기뻐하심을 입은 사람들 중에 평화로다 하니라"(눅2:13-14).

물을 주는 것보다 명칭을 비롯한 성탄의 의미를 깨닫게 하는 것이 더 중요합니다. 성탄에 예수 그리스도보다 중요한 분은 없고 예수 그리스도가 없는 성탄은 무의미한 날이기 때문입니다.

성탄절에 성탄의 의미를 잃어버린 사람들로 오가는 거리를 보면서, 레오나르드 다빈치가 43세 때의 일화가 떠오릅니다.

다빈치는 이태리의 밀란에 살던 루도빙코라는 공작에게서 예수님의 최후의 만찬의 그림을 그려 달라는 부탁을 받습니다. 3년간의 작업 끝에 다빈치는 그림의 초보를 완성하게 됩니다. 그리고 그림을 친구에게 보여 주면서 소감을 물었습니다. 이때 다빈치의 친구는 예수님의 오른손에 들려있는 잔을 가르키면서 잔이 너무나 인상적이고 사실적이다, 마치 살아 있는 컵과 같다고 했습니다. 그러자 갑자기 다빈치가 붓을 들어 그 잔을 지워 버렸다고 합니다. 친구가 깜짝 놀라 당황하며 왜 그러냐고 묻자 다빈치는 이런 유명한 대답을 했다고 합니다.

"이 그림에서 그리스도보다 중요한 것은 아무 것도 없어야 하기 때문이네."

그렇습니다. 사랑하는 여러분, 성탄에서 그리스도보다 중요한 것은 없습니다. 그렇다면 우리 자녀들에게 우리를 죄에서 구원하신 예수 그리스도를 믿고 하나님께 영광을 돌리는 성탄이 되도록 가르쳐야 하지 않을까요? 메리 크리스마스!!!

예배드리는 자녀가 성공한다

자녀를 위한 기도문

"자녀에게 성탄절의 의미를
바로 가르치는 부모가 되게 하소서.
하나님께서 주신 가장 소중한 선물은
예수님이심을 깨닫는 자녀가 되게 하소서.
성탄절이 오직 예수님만을 기뻐하며
하나님께 영광 돌리는 날이 되게 하소서.
예수님의 이름으로 기도합니다. 아멘."

소명을 아는 사람은
흔들리지 않는다

인간은 재주가 없어서라기보다는 목적이 없어서 실패한다.
— 윌리암 A 빌리 선데이

타임지가 해마다 선정하는 세계 가장 영향력 있는 100인의 명단에 지난해에 이어 올해에도 이름을 올린 사람 중에 오프라 윈프리가 있습니다.

오프라는 1954년 미혼모의 아이로 태어났습니다. 부모에게서 버림받은 그녀는 지독한 가난과 역경을 극복하고 마침내 영향력 있는 시대의 인물로 세상 속에 살아가고 있습니다. 그렇다면 어떻게 흑인이자 사생아로 방황과 절망 속에 살았던 그녀가 영향력 있는 인물로 변할 수 있었을까요? 그것은 소명 때문입니다.

오프라 윈프리는 어렵고 힘든 자신의 환경 속에서 소명을 발견한 것입니다. 그녀는 말합니다.

"아픔이 사명입니다."

그녀는 자신의 아픈 과거와 상처 속에서 살아가야 할 이유와 인생의 목적을 발견했습니다.

요즘 아이들을 만나 보면 인생의 목적이 없습니다. 그냥 재미를 추구하며 살아가고 있습니다. 왜 살아야 하는지 진지한 대답이 없이 그냥 사는 것입니다. 부모가 학원 보내 주니까 학원가고 학교 가라고 하니까 학교 가는 것입니다.

한때 청소년들에게 인기 있었던 한 광고의 카피는 인생의 아무런 목적도 없이 살아가고 있는 우리 자녀들의 자화상을 그대로 보여 주었습니다. 광고에는 아들과 아버지가 대화하는 장면이 나옵니다. 아들이 아버지에게 묻습니다.

"아버지, 난 누구예요?"

그러자 아버지가 대답합니다.

"나도 몰러."

그러면 웃고 맙니다. 자신을 나은 아버지도 아들의 정체성에 대해 대답해 줄 수 없는 사회, 우리의 아이들은 바로 이런 분위기 속에서 자라고 있는 것입니다.

그토록 원했던 대학에 들어가서부터 아이들은 오히려 방황하기 시작합니다. 인생의 목적이 될 수 없는 대학을 향해 맹목적으로 달려왔던 아이들의 마음이 갑자기 공허해지기 때문입니다.

그렇다면 어떻게 자녀가 소명을 발견할 수 있도록 도와줄 수 있을까요?

하나님을 만나게 해야 합니다. 소명은 하나님이 주시는 것입니다. 하나님이 우리를 이 땅에 보내신 인생의 목적이 소명입니다. 그러기에 하나님을 만나지 않고는 소명을 가질 수 없습니다. 하나님과 만남이 없는 사람에게는 야망은 있을 수 있어도 소명은 있을 수 없습니다.

모세가 언제 출애굽의 소명을 갖게 되었습니까? 불타는 가시떨기 나무 앞에서 하나님을 만났을 때였습니다. 바울이 언제 사도로서 소명을 갖게 되었습니까? 다메섹에서 예수님을 만났을 때였습니다. 방황과 절망 속에서 살아가던 오프라 윈프리 역시 소명을 발견할 수 있었던 것은 세살 때 교회에서 배우고 암송하던 성경 말씀 때문이었습니다.

사랑하는 자녀가 소명을 발견하기 원한다면 하나님을 만날 수 있도록 도와주어야 합니다.

그렇다면 어떻게 하나님을 만날 수 있도록 도와줄 수 있을까요? 아이들이 어릴 적부터 교회에 다니는 것은 하나님을 만날 수 있는 좋은 기회임에는 틀림없습니다. 하지만 율법주의적으로 아이들을 다룬다면 자녀들은 인격적인 하나님을 만나지 못하고 도리어 반감을 갖게 될 것입니다. 특히 사춘기에 접어들면서 상당수의 많은 아이들은 강압적인 부모의 신앙생활에 반항하면서 부모가 믿는 하나님을 거부하는 경우가 종종 있습니다.

그러면 어떻게 해야 할까요? 첫 번째로 자녀와 함께 큐티를 나눔으로써 아이들 자신을 향한 하나님의 부르심을 발견할 수 있도록 도와줄 수 있습니다. 이때 중요한 것은 인격적인 나눔입니다. 큐티라는 도구를 사용해서 부모가 원하는 것을 강요하는 시간이 되어서는 안 됩니다. 그것은 오히려 자녀가 하나님에게서 더 멀어지게 할 뿐입니다.

그러기에 나눔을 가질 때 무엇보다 하나님을 만난 부모 자신의 변화를 이야기해야 합니다. 하나님으로 인해 변화된 인생의 가치와 목적을 들려주어야 합니다. 자신에게 어떤 만족과 기쁨을 가져다주었는지 들려주어야 합니다. 그렇게 할 때 자녀들은 부모의 뒷모습을 따라 자신을 부르시는 하나님의 음성을 듣게 될 것입니다.

두 번째로 자녀가 소명을 발견할 수 있도록 기도해야 합니다. 자녀의 건강을 위해 기도하는 것은 중요합니다. 자녀의 지적인 발달과 좋은 성적을 위해 기도하는 것도 중요합니다. 그러나 그것보다 더 중요한 것은 자녀가 자신을 향한 인생의 목적, 소명을 발견할 수 있도록 기도하는 것입니다.

말씀의 거울

"하나님이 우리를 구원하사 거룩하신 부르심으로 부르심은 우리의 행위대로 하심이 아니요 오직 자기 뜻과 영원한 때 전부터 그리스도 예수 안에서 우리에게 주신 은혜대로 하심이라"(딤후1:9).

기도의 여인 한나가 그랬습니다. 한나는 자녀를 주시면 하나님께 드리겠다는 기도를 잊지 않았습니다. 하나님의 뜻대로 사용하실 수 있도록 드리겠다고 기도한 것입니다. 그러자 하나님은 기도에 응답하셨습니다. 한나에게 아들 사무엘을 허락하셨을 뿐 아니라 그 아들을 사용하시기 위해 소명을 주신 것입니다. 기도를 통해서 자녀가 하나님의 부르심을 입어 소명자의 삶을 살아갈 수 있게 한 것입니다.

세계적인 변증가 오스 기니스는 그의 유명한 책 「소명」에서 '자신이 무엇을 위해 사는지 확실히 발견하지 못한다면, 인간은 삶을 수용할 수 없고 오히려 자신을 파괴하게 될 것이다'라고 말했습니다.

그렇습니다. 인간이 소명을 발견하지 못한 채 아무리 물질적인 풍요를 누린다 할지라도 그의 인생은 멸망을 향해 달려갈 수밖에 없습니다. 지금의 자녀들은 물질적인 풍요는 누리고 있지만 그 어느 때보다 심각한 소명의 빈곤 속에 살아가고 있습니다.

자녀에게 풍요로운 인생을 주려고 하기 전에 소명을 발견할 수 있도록 돕는 부모가 되어야 합니다. 하나님을 만날 수 있도록 말씀을 함께 나누며 자녀의 소명을 위해 기도할 수 있는 부모가 되어야 합니다. 이렇게 할 때 당신의 자녀는 하나님이 부르신 인생의 목적을 깨닫고 가장 가치 있고 의미 있는 삶을 살아갈 수 있습니다.

자녀를 위한 기도문

"모든 사람들의 주인이신 하나님!

하나님께서 주신 소명을

발견할 수 있는 지혜로운 자녀가 되게 하소서.

자녀가 소명을 발견할 수 있도록

도움을 줄 수 있는 부모가 되게 하소서.

예수님의 이름으로 기도합니다. 아멘."

하나님을 경외하는 자녀는
하나님이 책임지신다

믿음은 사람의 능력이 끝나는 곳에서 시작됩니다. – 조지 뮬러

아들이 물었습니다. "아빠는 왜 흰머리가 나요?"

"네가 말 안 들어서 그래!"

"그럼 아버지는 할아버지 말 엄청 안 들었네요?"

"아니, 왜?" "할아버지 할머니는 온통 흰머리잖아요."

가정에서 아빠의 역할은 매우 중요합니다. 자녀에게 비추어진 아빠의 모습을 통해 아이들은 가치관은 물론 세상을 바라보는 세계관과 하나님을 바라보는 믿음을 형성하기 때문입니다.

'바른 삶 살기 운동'의 주도자며 국제적 명성이 있는 CCC강사 조시 맥도웰은 아빠의 중요성을 이렇게 말합니다.

"기독 청소년뿐만 아니라 모든 청소년들에게 아버지와의 관계는 자녀들의 건강, 성숙 그리고 행복에 결정적 역할을 한다."

또 현대를 살아가는 아버지들에게 이런 충고를 했습니다.

"아버지들이여, 당신이 아들이나 딸과 맺는 관계는 그들의 지혜와 육체, 하나님과 사람에게 인정과 사랑을 받는 데 결정적인 요소가 된다는 것을 기억하라."

그렇습니다. 가정에서 엄마의 역할도 중요하지만 특별히 아빠라는 창문을 통해 하나님을 바라보는 아이들에게 아빠의 역할은 무엇과도 바꿀 수 없을 만큼 중요합니다.

실제로 조시 맥도웰이 복음적인 교회 3700여 명의 십대들을 조사한 결과 아버지와 매우 친밀한 아이들은 자신의 삶에 항상 만족하며 성경적인 표준을 따라 경건한 삶을 살아가는 모습을 보여 주었습니다. 다시 말해서 경건한 아빠 밑에서 아이들은 하나님을 경외하는 태도를 갖는다는 것입니다.

하지만 무려 54%에 해당하는 아이들이 자신의 개인적인 문제를 아버지와 거의 이야기하지 않거나 절대로 말하지 않는다고 응답했고, 아버지와 의미 있는 이야기를 하거나 함께 시간을 보내는 일은 거의 없다고 대답한 아이들도 적지 않았다고 합니다.

무슨 말입니까? 자녀와 아버지의 관계는 아이들의 인격형성은 물론 하나

님을 믿는 믿음에 매우 중요한 영향력을 끼치지만 아버지들이 아이들에게
좋은 영향력을 끼치지 못하고 있다는 말입니다.

그렇다면 사랑하는 자녀들을 어떻게 하나님을 경외하는 아이로 키워갈
수 있을까요? 하나님을 경외하는 아빠로 살아가야 합니다. 시편 128편은
하나님을 경외하는 아빠가 있는 가정에 축복이 있다고 약속해 주고 있습니
다. 1절과 4절을 보세요. 성경이 뭐라고 약속하고 있습니까?

"여호와를 경외하며 그 도에 행하는 자마다 복이 있도다"(1절).
"여호와를 경외하는 자는 이같이 복을 얻으리로다"(4절).

무슨 말입니까? 하나님을 경외하기에 하나님의 말씀대로 사는 아빠가 있
는 가정에 축복이 있다는 것입니다. 자녀들이 하나님을 경외하는 아이로 자
라는 것을 보고 싶다면 하나님을 경외하는 부모의 뒷모습을 자녀에게 보여
주어야 합니다.
자녀들을 어떻게 하나님을 경외하는 아이로 키울 수 있을까요? 하나님을
경외하는 것이 사람의 일의 본분임을 가르쳐야 합니다. 전도서 12장 13절
은 이렇게 말씀합니다.

"일의 결국을 다 들었으니 하나님을 경외하고 그 명령을 지킬찌어다 이것이 사

람의 본분이니라."

그렇습니다. 하나님을 경외하는 것, 그것은 인간의 가장 중요한 본분입니다. 왜요? 우리를 지으시고 가정을 만드신 분이 하나님이시기 때문입니다. 자녀에게 이것을 가르치지 않는다면 이미 그 자녀는 빗나간 길을 걷고 있는 것입니다.

그러므로 자녀에게 하나님을 경외하는 것이 사람의 본분임을 가르쳐야 합니다. 하나님을 존경하고 신뢰하며 사는 것이 마땅한 일임을 가르쳐야 합니다.

마지막으로 우리가 어떻게 자녀를 하나님을 경외하는 아이로 키울 수 있을까요? 하나님을 경외하는 것이 축복임을 가르쳐야 합니다.

잠언 19장 23절에서

"여호와를 경외하는 것은 사람으로 생명에 이르게 하는 것이라 경외하는 자는 족하게 지내고 재앙을 만나지 아니하느니라",

잠언 9장 10절에서

"여호와를 경외하는 것이 지혜의 근본이요 거룩하신 자를 아는 것이 명

말씀의 거울

"여호와를 경외하는 것이 지혜의 근본이요 거룩하신 자를 아는 것이 명철이니라"(잠9:10).

철이니라"고 가르치고 있습니다.

또한 시편 34장 9절은 말씀하고 있습니다.

"너희 성도들아 여호와를 경외하라 저를 경외하는 자에게는 부족함이 없 도다."

무슨 말입니까? 여호와를 경외하는 것이 축복이라는 말입니다.

거액 유산을 받은 조카를 학대한 삼촌 부부, 도저히 삼촌이라고 말할 수 없는 악질 부부가 검거된 사건이 있었습니다.

교통사고로 부모와 오빠를 잃은 뒤 거액의 유산을 물려받은 9살짜리 조 카를 자녀로 입양한 뒤 둔기로 허벅지를 때리고 키친타월을 입에 구겨 넣는 등 1년 2개월 동안 상습적으로 폭력을 휘두른 것입니다.

경찰조사 결과를 보면 학대를 받은 아이의 조부와 외조부는 사실을 알고 있었지만 친권을 포기하면서 받은 돈 때문에 악질 부부에게 별다른 항의를 하지 않았다고 합니다.

한편 아이는 현재 아동학대예방센터에 보호 중이지만 삼촌 김씨 부부가 재산을 탕진해 6개월 내에 친권자를 찾지 못할 경우 빈털터리로 고아원에 가야할 형편입니다. 부모는 축복을 받아 거액의 유산을 남겨줄 정도였지만 그 자녀는 얼마 지나지 않아 비참한 인생으로 전락하고 말았습니다.

사랑하는 여러분, 부모가 자녀를 위해 해 줄 수 있는 것이 무엇일까요? 아니 아빠가 자녀를 위해 할 수 있는 최선은 무엇일까요? 돈일까요? 아이들이 갖고 싶은 것을 사 주는 것일까요? 아니오. 시편 128편은 아빠가 자녀를 위해서 해 줄 수 있는 최고의 것은 하나님을 경외하는 자의 모습을 보여줌으로써 하나님을 경외하는 것이 얼마나 축복된 인생인가를 깨닫게 해 주는 것이라고 말하고 있습니다. 그렇게 할 때 우리 자녀들은 하나님을 경외하는 자녀로 자라 하나님이 약속하신 모든 축복을 누리게 될 것입니다.

자녀를 위한 기도문

"권위적인 아버지가 아니라
권위 있는 아버지가 되게 하소서.
하나님을 경외하는 삶을 통해
아버지의 권위가 서게 하소서.
평생의 삶을 통해
하나님 경외하기를 가르칠 수 있게 하소서.
예수님의 이름으로 기도합니다. 아멘."

크리스천은 세상과 다르게
사는 것이 정상이다

바쁘고 안 바쁘고는 그리 중요하지 않다. 문제는 '무엇을 위해 바쁘냐'다.
- 헨리 데이빗 소로우

유명한 역사학자 토인비는 사람을 세 종류로 나누었는데 배를 타고 항해하는 것에 비유했습니다.

첫 번째 사람은 배가 어디로 가는지 전혀 관심이 없는 사람입니다. 오로지 배 안에서 먹고 마시는 일에만 관심이 있습니다. 먹을 것이 많으면 행복해 하고 먹을 것이 없으면 불행해 하는 사람입니다.

두 번째 사람 역시 배가 어디로 가는 지에는 관심이 없고 주변의 경치를 구경하는 일에 관심이 많습니다. 이 사람은 날씨가 화창하고 경치가 좋은 곳을 지나가면 즐거워하다가도 경치가 나쁘고 날씨가 궂으면 원망과 불평을 쏟아냅니다.

세 번째 사람은 배가 가는 목적지를 분명하게 기억하고 늘 방향을 점검하는 사람입니다. 목적지에 도달하기 위해 무엇을 해야 할지를 알며 자기가 맡은 일에 최선을 다합니다.

무슨 말입니까? 사람마다 인생관이 다르고 그 인생관에 따라 전혀 다른 인생을 살게 된다는 것입니다. 그렇습니다. 인생이란 먹고 마시며 즐기는 것이라고 생각하는 사람이 있는가 하면 인생은 자신에게 주어진 목적을 위해 사는 것이라고 생각하는 사람이 있습니다.

각자의 인생관에 따라 사람들은 욕심과 쾌락의 끝에서 허무를 경험하기도 하고, 힘들고 고생스러운 삶을 산 것 같지만 만족과 기쁨을 누리기도 합니다. 어떤 인생관을 갖고 있느냐에 따라 인생의 가치는 달라지는 것입니다.

그러기에 부모는 자녀들에게 성공적인 인생을 살아가라고 요구하기 전에 먼저 그리스도인이 갖추어야 할 인생관을 심어 주어야 합니다.

그렇다면 자녀에게 심어 주어야 할 그리스도인의 인생관은 무엇일까요? 그리스도를 위해 사는 것이 인생의 목적이라는 것을 심어 주어야 합니다. 우리가 잘 아는 사도 바울은 빌립보서 1장 21절에서 자신의 인생의 목적을 표현했습니다.

"이는 내게 사는 것이 그리스도니 죽는 것도 유익함이니라."

그렇습니다. 그리스도인의 인생관은 간단히 그리스도를 위해 사는 것이라고 정의할 수 있습니다. 돈을 위해, 성공을 위해 사는 것이 아니라 그리스도를 위해 사는 것입니다.

그런데 많은 사람들이 그리스도를 위해 산다는 것을 오해하고 있습니다. 교회에 나와서 예배드리고 기도하고 신나게 찬양하는 것이라고 생각합니다. 네, 물론 그것도 그리스도를 위해 사는 모습임에 틀림이 없습니다. 하지만 그렇게 예배하고 뛰뛰며 찬양하던 아이들이 나머지 6일간의 생활 속에서는 그리스도를 잊고 사는 경우가 많습니다.

예배할 때는 그리스도를 위해 모든 것을 다 드릴 것 같은데 실제 생활 속에서는 그리스도를 위해 시간을 내지 않습니다. 그것은 그리스도를 위해 사는 것이 아닙니다.

자녀들에게 그리스도인의 인생관을 심어 주려면 주일 뿐 아니라 매일 주어진 시간 속에서도 그리스도를 위해 최선을 다해야 함을 깨닫게 해 주어야 합니다.

두 번째로 자녀들에게 심어 주어야 할 그리스도인의 인생관은 다른 사람

말씀의 거울

"우리가 살아도 주를 위하여 살고 죽어도 주를 위하여 죽나니 그러므로 사나 죽으나 우리가 주의 것이로라"(롬14:8).

의 유익을 위해 사는 것입니다. 그리스도를 위해 죽는 것도 유익하다고 고백할 만큼 그리스도를 위해 헌신되어 있었던 바울은 빌립보서 1장 24절에서 이상한 이야기를 합니다. 사는 것이 더 유익하다는 것입니다. 왜요? 그리스도를 위해 산다는 것은 다른 사람의 유익을 위해 사는 것이기 때문입니다.

순교자 손양원 목사님은 6·25때 끝까지 자신의 양떼들을 돌보다가 순교하셨습니다. 그때 피신하라고 요청하는 성도들에게 그분은 이렇게 말씀하셨다고 합니다.

"순교란 아무렇게나 살다가 단순히 기독교인이란 이름을 가지고 죽는 것이 아닙니다. 예수님을 위해서 일생 동안 눈물과 피를 흘리다가 죽는 자가 참된 순교자입니다."

무슨 말입니까? 죽는 것이 중요한 것이 아니라 어떻게 살다가 죽느냐가 중요하다는 것입니다. 그렇다면 어떻게 살아야 할까요? 인간을 사랑하시고 섬기신 예수님처럼 다른 사람을 섬기며 사랑하면 됩니다. 이기적인 욕망으로 명문대에 들어가는 것이 아니라 다른 사람의 유익이 되고자 성실하게 공부하며 자신에게 주어진 달란트를 사용하는 것입니다.

자녀들이 어릴 적부터 다른 사람을 섬기는 일을 경험하도록 해야 합니다. 그럴 때 그리스도인의 인생관을 자연스럽게 체득할 수 있습니다.

세 번째로 자녀들에게 심어 주어야 할 그리스도인의 인생관은 고난을 특권으로 여기는 것입니다. 그리스도인으로 산다는 것은 그리스도가 받은 고난을 자신도 받겠다는 결의입니다. 영광만 받겠다는 것은 그리스도인이 되기를 포기하겠다는 것과 같습니다. 그리스도인다운 인생관을 가지고 살았던 바울은 빌립보서 1장 29절에서 고백합니다.

"그리스도를 위하여 너희에게 은혜를 주신 것은 다만 그를 믿을 뿐 아니라 또한 그를 위하여 고난도 받게 하심이라."

하지만 문제는 우리 자녀들이 고난을 특권으로 여기지 못하는 데 있습니다. 고난이 오는 것을 두려워하며 피하려고만 합니다. 이런 모습을 세상이 본다면 우리가 자신들과 다르지 않다고 여기니 누가 그리스도의 길을 볼 수 있겠습니까?

1997년 우리는 인생관이 다른 두 여인의 장례식을 TV를 통해 지켜보았습니다. 한 사람은 모두가 부러워할 만한 권력과 돈과 모든 것을 갖춘 36살의 다이애나 비입니다. 하지만 그녀가 죽음으로 남긴 것은 더러운 추문과 권력의 정점에서 더 이상 견딜 수 없었던 불행과 허무입니다.

그러나 또 한 사람은 86살의 노인으로 미모와는 전혀 상관이 없어 보이는, 남자인지 여자인지조차 분간 할 수 없는 여인이었습니다. 광대뼈는 튀어 나왔고 주름진 얼굴은 보기에도 흉할 정도였습니다.

그녀는 언제나 빈곤, 질병, 고통, 신음, 소외 속에 있었습니다. 그녀가 있는 곳은 가난이라는 커다란 장막이었고 질병의 늪이었으며 고통의 한가운데였습니다. 그녀는 등이 굽고 주름살 투성이의 초라한 노인으로 그녀가 남긴 돈은 불과 5루피, 우리나라 돈으로 125원이었습니다.

그러나 이 여인이 죽었을 때 온 인류는 함께 울었습니다. 누구일까요? 바로 그리스도인다운 인생관을 갖고 살았던 테레사 수녀입니다.

테레사 수녀는 그리스도를 위해 산다고 하면서도 이기적으로 살아가고 있는 우리에게 도전합니다.

"지극히 작은 자 하나에게 행한 것이 곧 주님께 행한 것입니다."

자녀를 위한 기도문

"먼저 그의 나라와 의를 구하면

이 모든 것을 더해 주시리라 약속하신 주님!

부모의 욕심으로 자녀가 성공하길 원했던

이기적인 마음을 용서하여 주소서.

공부해서 남 주고, 주를 위해 헌신하는 자녀로

자라게 하소서.

예수님의 이름으로 기도합니다. 아멘."

자녀교육 성공비결 2.

세상에서 자녀를 지키라

"자녀 문제의 책임을
다른 곳에 전가하지 말라"

자녀를 홀로 두지 마십시오. 부모는 생활의 모든 영역에서
자녀에게 하나님의 자녀로서 행할 길을
마땅히 가르쳐야 합니다.

01

믿어 주는 것과
방치하는 것은 다르다

큰일을 이루기 원한다면 우선 자신을 이기라. 자신을 이기는 것이 가장 큰 승리다.
– 드러먼트 ·

최근 사이버 범죄 가운데 온라인 게임으로 인한 폭력, 사기 등의 비중이 최근 4년간 꾸준히 증가해 전체의 50%에 육박하고 있다고 합니다. 이 때문에 많은 부모들은 자녀의 게임 중독을 우려하고 있습니다.

직접적인 폭력과 사기 등을 저지르지는 않지만 정신적으로 황폐해지고 정상적인 생활을 하지 못하고 있기 때문입니다. 실제로 2004년 한국 인터넷 정보센터의 정보화 실태조사 보고에 따르면 아이들이 주말 여가 활동으로 주로 게임을 하며 지내는 것으로 나타났습니다.

그뿐 아니라 국회에서 열린 '제1회 어린이 국회'에 참가한 초등학생들이 내놓은 법안에는 "온라인 게임에 한번 빠져들면 정상적인 일상생활을 영위하는 데 어려움이 많으므로 온라인 게임 공급업체의 공급시간을 제한해 달라"는 내용이 들어 있을 정도입니다.

하지만 대부분 부모들은 아이가 게임에 빠지면 '내 아이가 설마?', '그러다 말겠지'라고 생각하며 컴퓨터 사용에 대한 적절한 지도의 시기를 놓치고는 문제가 커져서야 해결을 시도하다 좌절과 낙심에 빠지는 경우가 많습니다.

이런 상황 속에서 게임 중독에 빠진 자녀를 구해 낸 엄마의 경험담이 화제가 되었습니다.

여느 부모들처럼 자녀의 컴퓨터 사용을 대수롭지 않게 생각하던 엄마는 통통하던 아이가 점점 말라가면서 아침이면 피곤해서 일어나지도 못하고 말수가 적어질 뿐 아니라 중상위권이던 성적이 바닥으로 떨어지자 사태의 심각성을 깨닫고 대책을 세우기 시작했다고 합니다.

다행히도 엄마는 대화를 통해서 자녀를 게임 중독에서 구해냈지만 "지나고 보니 좀 더 빨리 깨닫지 못한 것이 계속 후회로 남습니다"라고 아쉬움을 나타냈습니다. 그런데도 많은 부모들이 컴퓨터 게임에 대한 지도를 소홀히 하고 단순히 몇 마디 훈계와 지시로 문제가 해결될 수 있다고 생각하고 있습니다.

그렇다면 게임 중독에 빠지지 않게 하기 위해 아이들을 어떻게 지도해야 할까요? 첫 번째로 초기에 인터넷 사용에 좋은 습관이 들 수 있도록 지도해야 합니다. 잠언 22장 6절이 뭐라고 말씀하고 있습니까?

"마땅히 행할 길을 아이에게 가르치라 그리하면 늙어도 그것을 떠나지 아니하리라."

그렇습니다. 부모들은 생활의 모든 영역에서 자녀들에게 하나님의 자녀로서 행할 길을 마땅히 가르쳐야 합니다. 부모들이 자녀들이 하는 컴퓨터나 게임을 잘 모르기 때문에 초기에 아이들이 마음대로 컴퓨터를 하도록 내버려 두는 경향이 있습니다. 이런 경향은 아이들로 하여금 컴퓨터 사용에 대해 나쁜 습관을 갖게 합니다.

예를 들면 처음 컴퓨터를 사용할 때 시간을 정하지 않고 아무 때나 하게 한다든지, 밤늦은 시간에 사용하게 한다든지, 폭력적이고 선정적인 게임을 하는 것을 막지 못하고 내버려 두는 것입니다.

그러나 컴퓨터는 중독성이 강해서 일단 중독이 되고 난 후에는 내성과 금단현상이 일어나 스스로는 통제가 거의 불가능하기 때문에 초기 지도가 더욱 중요합니다.

두 번째로 컴퓨터에 집중하기보다 여가활동이나 다른 활동을 하도록 해야 합니다. 중독은 간단합니다. 한 가지만 집중해서 반복하기 때문입니다. 중독을 막기 위해서는 무엇보다 다른 운동이나 여가활동, 취미를 가질 수

예배드리는 자녀가 성공한다

있도록 해야 합니다.

점점 어릴 때부터 컴퓨터와 익숙해지는 우리 자녀들에게 다른 재미있고 유익한 놀이와 여가활동이 많다는 것을 경험하게 해야 합니다.

세 번째로 자녀를 홀로 두지 말고 많은 대화의 시간을 가져야 합니다. 자녀들이 게임에 빠지는 것은 학업성적이나 입시준비, 부모의 지나친 간섭과 무관심 그리고 학교에서 교사 또는 급우와의 갈등으로 생기는 스트레스를 컴퓨터라는 가상공간에서 해소하려는 것입니다.

특히 게임을 통해 현실에서는 초라한 자신이 게임 내에서는 노력 여하에 따라 지존이 되거나 캐릭터를 강하게 성장시켜 다른 사람들에게서 존경받거나 부러움의 대상이 되기 때문에 쉽게 빠져 듭니다.

하지 말라고 주의를 주는 것만으로는 해결되지 않습니다. 그럴수록 아이들은 이불을 뒤집어쓰고 컴퓨터를 하거나 PC방과 친구 집을 이용해 더욱 강하게 게임에 집착하게 될 뿐입니다. 그러기에 화를 내거나 하지 말라고 주의를 주는 것보다 자녀들이 부모의 사랑과 열려진 대화를 통해 스트레스를 해소할 수 있도록 도와주는 것이 좋습니다.

말씀의 거울

"마땅히 행할 길을 아이에게 가르치라 그리하면 늙어도 그것을 떠나지 아니하리라"(잠22:6).

네 번째로 자녀에게 목표의식을 심어 주어야 합니다. 목표의식이 분명하지 않을 때 아이들은 게임에 더욱 몰입할 뿐 아니라 왜 시간을 절약하면서 컴퓨터를 사용해야 하는지 받아들이지 못합니다. 실제로 중독된 아이들과 상담을 해 보면 "컴퓨터를 많이 하는 것이 왜 문제냐?"고 항변하는 모습을 쉽게 볼 수 있습니다.

목표의식이 없이 그저 자기가 좋아하는 것을 즐기는 세대에게 중요한 것은 '하지 말라'는 말이 아니라 '주님의 나라와 영광을 위해 이것을 해야 한다'는 목표의식을 심어 주는 것이 우선입니다.

마지막으로 중독이 되었다면 빨리 전문가를 찾아가 상담과 치료를 받아야 합니다. 중독은 병입니다. 집에서 붙들고 있으면 있을수록 해결되기는커녕 문제만 더 커질 뿐입니다. 컴퓨터 사용에 대해 초기에 적절한 시기를 놓쳤다면 빨리 전문가를 찾아가야 합니다. 특히 게임 중독은 자기 혼자 힘으로는 도저히 극복할 수 없기 때문에 더욱 전문가의 도움이 필요합니다.

2004년 한국 정보문화 진흥원이 실시한 인터넷 중독 실태 조사에 따르면 응답한 청소년 중 20.3%가 중독 성향을 나타냈으며 41.2%가 온라인 게임의 현실화 욕구를 느낀 적이 있다고 답했고, 48.8%는 게임 세계에 소속감까지 느끼고 있는 것으로 나타났습니다.

또한 진흥원의 인터넷 중독 예방 상담센터에서 2002년부터 2004년까지 상담한 자료를 살펴보면 게임 중독과 관련된 상담이 약 53%로 가장 많은 비율을 차지하고 있습니다.

무슨 말입니까? 더 이상 우리의 자녀들을 게임과 인터넷에 방치할 수 없는 지경에 이르렀다는 것입니다. 가정에서는 자녀들을 컴퓨터 앞에 그냥 놔두어서는 안 되고 단순한 지시와 명령만으로 문제를 해결하려고 해서도 안 됩니다.

크리스천 부모로서 성경적이고도 실제적인 원리에 따라 자녀들이 정보화시대 컴퓨터의 노예가 아니라 컴퓨터를 잘 이용하는 건강한 크리스천으로 성장하도록 도와주어야 합니다.

자녀를 위한 기도문

"긍휼을 베푸시는 주님!
사이버 시대를 살고 있는
이 시대의 우리 자녀들을 긍휼히 여기소서.
악한 환경 속에서도 스스로를 절제하고
통제할 수 있는 성령의 능력을 주소서.
무조건 야단치고 하지 말라고 하기 전에
자녀가 분별할 수 있도록 옆에서 돕는
부모가 되기 원합니다.
순간순간마다 지혜의 언어로 권면케 하소서.
예수님의 이름으로 기도합니다. 아멘."

골칫덩이가 되버린
자녀의 마음을 읽으라

변화 속에 반드시 기회가 숨어 있다. - 빌 게이츠

어느 정신 병동에 한 여자 아이가 격리 수용돼 있었습니다. 정신병이 너무 심해 사람들이 다가오면 고함을 지르며 사납게 공격을 퍼부었습니다. 의사들은 이 아이의 회복이 불가능하다고 판단해 독방에 가두었습니다. 부모도 더 이상 딸의 회복을 기대하지 않았습니다.

그런데 어느 늙은 간호사가 아이에게 사랑을 쏟기 시작했습니다. 아이는 먹을 것을 주면 집어 던지고 말을 건네면 침묵했지만 간호사는 끊임없이 사랑과 관심을 보여 주었습니다. 결국 아이의 마음은 열리기 시작했고 간호사의 사랑으로 정신병은 완전히 치유되었습니다.

이 여자 아이가 누구인지 아십니까? 바로 헬렌 켈러를 변화시킨 앤 설리번입니다. 정신적 장애를 갖고 있었던 설리번은 그녀의 문제를 끌어안고 사랑으로 간호해 준 한 사람의 헌신으로 회복되어 다른 사람을, 헬렌 켈러를 위대한 사람으로 변화시킬 수 있었던 것입니다.

그렇습니다. 골칫덩이라고 생각하거나, 심지어 정신적 장애를 안고 있는 아이들일지라도 부모의 태도에 따라 변할 수 있습니다. 그러기에 '아무리 말을 해도 안 들어요'라는 푸념을 늘어놓기 전에 부모로서 그런 자녀를 잘 인도할 수 있는지 살펴보아야 합니다.

자녀를 바라보며 섣불리 '골칫덩이'라고 판단하고 정죄하지는 않았는지 돌아보며 자녀를 대하는 자신의 태도를 고쳐야 합니다. 그렇게 할 때 골칫덩이라고 생각되던 아이들이 변화되어 하나님께 쓰임 받는 위대한 자녀가 될 수 있습니다.

그렇다면 골칫덩이 자녀를 변화시키기 위해 부모인 우리는 어떻게 해야 할까요? 먼저 비난하는 것을 즉시 중지해야 합니다. 마가복음 2장 16절은 말씀하고 있습니다.

"바리새인의 서기관들이 예수께서 죄인과 세리들과 함께 잡수시는 것을 보고 그 제자들에게 이르되 어찌하여 세리와 죄인들과 함께 먹는가."

예배 드리는 자녀가 성공한다

무슨 내용입니까? 예수님이 당시 골칫덩이라고 낙인찍힌 죄인과 세리들과 함께 식사하는 것을 바리새인들과 서기관들이 비난한 것입니다. 우리 역시 골칫덩이 자녀를 대할 때 제일 간과하기 쉬운 것이 바로 비난입니다. '넌 왜 애가 그 모양이니? 넌 뭐 하나 제대로 하는 게 없어!'라는 말을 쉽게 내뱉습니다.

하지만 세계적인 심리학자며 강연가인 존 타운센트는 「골칫덩이 내편 만들기」라는 책에서 비난은 골칫덩이를 변화시킬 수 없다고 말합니다. 그는 보다 자세하게, 우리가 자주 하는 태도 중에서 골칫덩이를 변화시키지 못하는 9가지를 설명했습니다.

입씨름, 잘못을 무조건 묵인하고 감싸주는 행동, 시끄럽고 반복적인 잔소리, 공허한 위협과 원칙 없는 협박, 미봉책에 불과한 부인, 단번에 해결하겠다는 조급함, 억지로 강요하는 영적무지, 무작정 기다리기, 호된 꾸지람과 감정적인 대응입니다.

그렇습니다. 이런 것으로는 골칫덩이를 변화시킬 수 없습니다. 골칫덩이

말씀의 거울

"그러므로 내가 그리스도를 위하여 약한 것들과 능욕과 궁핍과 핍박과 곤란을 기뻐하노니 이는 내가 약할 그때에 곧 강함이니라"(고후12:10).

자녀를 변화시키는 것은 조급하게 달려들어 비난을 퍼붓는 것이 아닙니다.

우리는 골칫덩이 자녀를 도대체 어떻게 대해야 할까요? 치유의 손길로 그들의 문제를 해결해 주어야 합니다. 다시 말해서 골칫덩이 자녀들이 왜 그렇게 문제를 일으키는지 내면을 관찰하고 그 원인을 분석해서 긍정적인 언어와 태도로 치유해 주어야 합니다.

예수님이 그러셨습니다. 예수님은 당시 골칫덩이라고 낙인찍힌 세리와 죄인들을 치유해 주셨습니다. 예수님은 그들을 문제아로 보신 것이 아니라 병든 자로 보셨기에 그들을 정죄하기보다는 사랑과 관심을 보여주시며 그들과 함께 했습니다. 그 결과 어떻게 되었습니까? 골칫덩이들이 예수님의 제자로 변화되었습니다. 삭개오가 변화되었고 마태라 불리는 세리 레위가 변화되었습니다. 마가복음 2장 14절은 레위의 변화에 대해 이렇게 기록하고 있습니다.

"또 지나가시다가 알패오의 아들 레위가 세관에 앉아 있는 것을 보시고 저에게 이르시되 나를 좇으라 하시니 일어나 좇으니라."

사람들에게도 인정받을 수 없었던 골칫덩이 레위가 예수님의 제자로 부르심을 입은 것입니다. 얼마나 놀라운 변화입니까?

예수님을 좇아간 레위, 그의 마음을 생각해 보셨습니까? 얼마나 흥분되었을까요? 아마 가슴 속에 터져 나오는 감격과 기쁨이 있었을 것입니다. 사람들에게 낙인찍혀 비난과 멸시를 받았던 인생이 이제 예수님의 제자가 되어 사람들에게 기쁜 소식을 전할 수 있는 사람이 되었으니 얼마나 기뻤겠습니까?

저는 이런 예수님의 제자, 레위를 보면서 사람들에게서 비난받고 외면당하고 있는 우리 연약한 자녀들이 하나님 앞에 쓰임 받는 그날을 꿈꿉니다.

물론 쉽게 변하지는 않을 것입니다. 존 타운센트는 모든 골칫덩이들이 쉽게 변할 수 있다고 말하지 않습니다. 오히려 골칫덩이 자녀가 우리의 이런 노력에도 꿈쩍도 하지 않고 전혀 고마워하지 않을 수도 있다고 말합니다.

하지만 골칫덩이의 성장과 변화를 위해서 우리가 과감히 맞서서 건강한 방향으로 끌고 가려는 확고한 태도를 갖고 있다면 그런 것은 큰 문제가 되지 않는다고 도전합니다.

우리는 골칫덩이로 보이는 자녀를 향한 노력을 중단해서는 안 됩니다. 그만두고 싶을 때마다 예수님을 바라보아야 합니다. 예수님은 죄와 허물로 죽은 골칫덩이였던 우리를 구원하시기 위해 몇 번 시도하다가 멈추지 않았습니다. 아니 오히려 우리가 문제를 일으키면 일으킬수록 우리가 구원 받고 변화되어 성장할 그림을 바라보시며 흔들림 없이 우리에게 다가오셨습니다.

그렇다면 예수님을 믿는 우리도 골칫덩이처럼 느껴지는 우리 자녀들을 비난하지 말고 예수님처럼 치유의 손길을 내밀어야 하지 않을까요?

자녀를 위한 기도문

"우리를 치료하시고 감싸 주시는

여호와 라파 하나님!

골칫덩이인 저를 구원하시고

부모의 자리까지 허락하신 주께 감사드립니다.

동일하게 그 은혜로

골칫덩이로 낙인찍힌 저의 자녀를

사랑하시고 치료해 주소서.

연약한 자를 강하게 사용하신 주께서

주의 강한 용사로 사용하여 주소서.

주님이 결코 포기하지 않으심을 기억하고 소망합니다.

예수님의 이름으로 기도합니다. 아멘."

버려야 할 욕망의 실체를
반복해서 알려 주라

자신의 욕망을 극복하는 사람이 강한 적을 물리친 사람보다 위대하다.
– 아리스토텔레스

미국 경영계에서 "경영의 마술사"라고 불리는 사람이
있습니다. 바로 제너럴 일렉트릭의 잭 웰치 회장입니다.

그는 1981년 최연소 나이로 GE를 이끌면서 당시 120억
달러에 불과했던 회사를 4500억달러 규모의 기업으로 발전시켰습니다.

사람들은 "잭 웰치에겐 실패란 있을 수 없다"는 말을 할 정도였습니다.
그러나 이런 잭 웰치였지만 웨틀로퍼라는 하버드 비즈니스 잡지사의 편집
장과의 불륜으로 그만 패망의 낭떠러지로 추락하고 말았습니다.

성경에도 잘 나갈 때 유혹을 이기지 못하고 추락한 한 인물이 소개되어

있습니다. 누구입니까? 기드온입니다. 미디안과의 싸움에서 대승하여 잘 나갈 때에 유혹에 걸려 넘어지고 말았습니다.

그러기에 저는 유혹에 넘어진 기드온의 모습에서 우리의 일상에 언제나 찾아올 수 있는 유혹을 이길 수 있는 비결을 함께 찾아보려고 합니다.

우리가 유혹을 이기기 위해서는 어떻게 해야 할까요? 재물의 욕심을 버려야 합니다. 사사기 8장 24절을 보시죠.

"기드온이 또 그들에게 이르되 내가 너희에게 한 일을 청구하노니 너희는 각기 탈취한 귀고리를 내게 줄지니라하니 그 대적은 이스마엘 사람이므로 금귀고리가 있었음이라."

요즘 서점가에서 여전히 베스트셀러의 자리를 차지하고 있는 책들이 있다면 그것은 "부자가 되는 법"이라는 주제입니다. 왜 그럴까요? 물질만능주의 시대를 살아가는 현대인들이 부자로 사는 것이 잘사는 것이라고 생각하기 때문입니다. 그러나 그렇지 않습니다. 부자로 살지만 불행하게 살아가는 사람들을 쉽게 찾아 볼 수 있습니다.

기드온은 재물에 욕심을 부리기 시작합니다. 금귀고리를 비롯해 사치품에 욕심을 내기 시작한 것입니다. 그리고 결국 이런 기드온의 욕심은, 모은 금으로 에봇을 만들어 그 집의 올무가 되게 만들고 말았습니다.

그러기에 재물의 유혹이 올 때 자신의 소명이 부에 있는 것이 아님을 깨

예배드리는 자녀가 성공한다

닫고 십일조를 드리며 자신에게 있는 것이 하나님의 것임을 기억하며 그 욕심을 속히 버려야 합니다.

더 나아가서 우리가 유혹을 이기기 위해서는 어떻게 해야 할까요? 잘못된 성욕을 버려야 합니다. 사사기 8장 30절을 보시죠.

"기드온이 아내가 많으므로 몸에서 낳은 아들이 칠십 인이었고."

기드온의 아들이 몇 명이었습니까? 70명이었습니다. 게다가 첩으로 낳은 자식도 있었습니다. 무슨 말입니까? 잘 나가는 기드온이 그 힘을 이용해 성적으로 타락했다는 말입니다. 일부일처제는 하나님의 계획이요, 섭리입니다. 하나님은 한 사람의 남자가 돕는 배필인 한 여인을 만나 하나님의 뜻을 이루며 살아가도록 지으셨습니다. 그런데 기드온은 하나님의 계획을 어기고 많은 아내를 두기 시작했습니다. 하나님 앞에서 자신의 정욕을 다스리는 데 실패한 것입니다. 그러기에 잘 나갈 때 조심해야 할 유혹 중의 하나가 바로 성적인 유혹이라는 것을 잊지 말고 잘못된 성욕을 버려야 합니다.

말씀의 거울

"시험에 들지 않게 깨어 있어 기도하라 마음에는 원이로되 육신이 약하도다 하시고"(막14:38).

마지막으로 우리가 유혹을 이기기 위해서는 어떻게 해야 할까요? 권력의
욕심을 버려야 합니다. 사사기 8장 31절을 보시죠.

"세겜에 있는 첩도 아들을 낳았으므로 그 이름을 아비멜렉이라 하였더라."

재물의 유혹과 성적인 유혹은 인간이 극복하기 힘든 유혹 가운데 하나입
니다. 그러나 그것과 비교되지 않는 강력한 유혹이 있다면 그것은 바로 권
력의 욕심입니다. 힘을 가지고 사람들을 자기 맘대로 하고 싶은 죄성이 인
간에게 있기 때문입니다.

기드온도 역시 이 유혹에서 자유롭지 못했습니다. 미디안과의 싸움에서
대승을 얻어내자 왕이 되고 싶었던 것입니다. 그래서 왕이 되어달라는 사람
들의 요구에 마음이 없다고 말하면서도 권력의 욕심을 뿌리치지 못해 권력
의 노예가 되고 말았습니다. 첩에게서 나은 아들의 이름을 아비멜렉, 즉 "나
의 아버지는 왕이시다"라고 지은 것입니다.

그렇습니다. 누가 세상 권력의 욕심에서 자유로울 수 있을까요? 아무리
작은 모임에서라도 자신의 뜻대로 하고 싶지 않은 사람이 누가 있을까요? 우
리는 우리 안에 있는 권력의 욕심을 바로 보고 하나님 앞에서 낮아져야 할 것
입니다. 권력의 욕심을 비롯한 모든 욕심을 버리고 유혹에서 자유로운 인생
이 되고자 한다면 늘 하나님의 은혜를 생각하며 겸손하게 살아가야 합니다.

예배드리는 자녀가 성공한다

자녀를 위한 기도문

"유혹에 넘어가지 않기 위해

친히 깨어 기도하셨던 예수님처럼

언제나 기도하는 가정이 되게 하소서.

저희 자녀들이 세상의 유혹에 넘어가지 않게 하시고

이 시대를 하나님의 가치관으로 살아가는

진정한 크리스천 리더가 되게 하소서.

예수님의 이름으로 기도합니다. 아멘."

부모에게서 거절감을 느낀
자녀가 우울증에 걸린다

인간의 행복의 원리는 간단하다. 불만에 속지 않으면 된다.
어떤 불만으로도 자기를 학대하지 않을 수 있다면 인생은 즐거운 것이다. - 러셀

세계보건기구(WHO)에 따르면 인류의 4대 질병 가
운데 하나가 바로 우울증입니다. 2020년에는 우울증이 2
번째 사망 원인이 된다고 합니다.

통계적으로 전 세계에 3억 5천만 명의 우울증 환자가 있습니다. 남자는
10명 가운데 1명이, 여자는 5명 가운데 1명이 우울증에 시달리고 있을 뿐
아니라 목숨을 버리는 경우도 빈번해지고 있습니다.

더 심각한 것은 최근 도시 청소년 10명 중 7명이 우울증을 경험했으며
그 중 3명이 우울증 치료를 받아야 할 정도라는 것입니다.

경희대 행정대학원 의료행정학과 석사학위를 취득한 김영란씨의 학위논문 '고등학생의 우울에 관한 연구'를 보면 조사 대상의 약 70%가 우울증세를 갖고 있었으며, 전문가와 상담을 하거나 치료를 필요로 하는 중증 이상도 38.9%에 달했다고 합니다.

실제로 청소년 교육현장에서 아이들을 상담하다 보면 우울증에 걸린 아이들과 자신의 자녀가 하루 종일 방에 틀어박혀 나오지도 않고 학교도 가지 않는다는 등 우울증으로 인해 고민하는 부모들을 만나게 됩니다.

한국청소년상담원 연구원으로 일하고 있는 송미경씨는 우울증의 원인을 이렇게 진단했습니다.

"아이들의 우울증, 자살 충동의 표면적 원인은 학업성적 또는 친구 문제지만, 본질은 '부모 또는 친구들로부터 인정받고 싶은 욕망'에 있다."

무슨 말입니까? 아이들이 우울증에 빠지는 것은 학업성적이나 외모 때문이 아니라 자신들을 격려하고 인정하는 부모의 역할이 부족하기 때문이라는 것입니다.

그렇다면 우울증에 걸리기 쉬운 자녀를 위해 부모는 어떤 역할을 해야 할까요? 우선적으로 자녀를 격려하고 인정하기 전에 부모가 우울증에 관한 기본적인 상식을 갖고 있어야 합니다. 자녀의 우울증이 갈수록 심해지는 것은 부모가 자녀의 우울증을 초기에 발견하지 못하고 잘못 대응하기 때문입니다.

자녀가 우울증 증세를 보이는데 부모는 아이가 게으르거나 말을 안 듣는다고 생각할 뿐 우울증이라고 판단하지 못하는 것입니다.

자녀의 우울증을 이해하고 받아들이기보다는 오히려 자녀의 우울증을 악화시키게 됩니다. 그러기에 부모는 이런 잘못을 범하지 않기 위해서 먼저 우울증에 관한 기본적인 이해가 필요합니다.

두 번째로 전문가의 도움을 받아야 합니다. 때론 부모의 힘으로는 아이들의 문제를 파악하기 힘들거나 어려울 때가 많습니다. 이럴 때는 심리 전문 상담가나 정신과 전문의들의 도움을 받아야 합니다. 우울증은 조기에 발견하여 전문가의 도움을 받으면 쉽게 해결될 수 있습니다.

그러나 부모들은 전문가의 도움을 받는 것을 부끄럽게 여기거나 아이들이 받을 충격을 생각해 적절한 치료시기를 놓치는 경우가 더 많습니다. 그러기에 부모는 전문가의 도움을 받아 우울증에 걸린 자녀를 보다 잘 돕고 격려할 수 있어야겠습니다.

세 번째로 자녀와 건강한 관계를 형성해야 합니다. 깨어진 관계 속에서 부모는 어떤 역할도 할 수 없기 때문입니다. 심지어는 자녀를 전문가에게 데리고 가는 것조차도 쉽지 않을 것입니다.

그렇다고 인생을 오래 산 부모 자신이 직접 자녀의 성공적인 미래를 위해 좋은 충고와 교훈을 할 수 있다고 생각하여 자녀들에게 직접 접근하면 어떻게 되겠습니까? 아이들은 부모에게 이해받고 있다고 생각하기보다는 오히려 거절당하고 있다고 생각하기 쉽습니다.

이런 거절감은 자신을 아무 것도 아닌 존재로 생각하게 되고 죄책감과 실망감으로 더 우울증에 빠지게 될지도 모릅니다. 그러기에 자녀의 고민을 들어주고 대화의 장을 통해 아이들이 인정받고 격려받고 있음을 알게 해 주어야 합니다.

하지만 문제는 부모들이 긍정적인 역할을 하기보다는 오히려 자녀들을 어렵게 한다는 데 있습니다. 머리 속으로는 아이들에게 좋은 역할을 해야겠다고 생각하지만 실제로는 그렇게 행동하지 못하고 있습니다. 왜 그럴까요? 부모 자신이 주님 안에서 영적으로 성숙하지 못하기 때문입니다.

그러기에 무엇보다 자녀의 우울증이나 정신건강을 위해 부모가 해야 할 가장 중요한 역할은 부모 자신이 먼저 주님 안에서 성숙해 가야 한다는 것입니다. 그렇게 성숙해 갈 때 아이들은 주님 안에서 자신이 얼마나 소중한 존재인지 발견하고 우울증 대신 기쁨을 누릴 수 있을 것입니다.

20세기에 들어서 성경 다음으로 가장 많이 읽혀진 책이 있다면 그것은 잭 캔필드와 빅터 한센을 비롯한 4명의 베스트셀러 작가가 쓴 「마음을 열어

말씀의 거울

"내 형질이 이루기 전에 주의 눈이 보셨으며 나를 위하여 정한 날이 하나도 되기 전에 주의 책에 다 기록이 되었나이다"(시 139:16).

주는 101가지 이야기」입니다.

국내에서만 100만 부가 팔렸고 뉴욕타임스 베스트셀러 1위였으며 무려 150개국에 32개 언어로 번역된 이 책은 진솔하고 감동적인 삶을 통해 사람들에게 용기와 희망을 불어 넣어 주었습니다.

여기에 우리에게 용기와 희망을 주는 이야기가 있습니다.

어떤 사람이 차를 몰고 집으로 돌아가던 중에 집 근처 공원에 잠시 차를 세웁니다. 그곳에서 벌어지고 있는 동네 꼬마들의 야구경기를 구경하기 위해서였습니다. 1루 쪽 벤치에 앉으면서 그는 1루 수비를 보고 있는 아이에게 점수가 어떻게 되느냐고 물었습니다. 아이는 빙그레 웃으면서 말했습니다.

"우리가 14대 0으로 지고 있어요."

구경을 하던 사람이 묻습니다.

"그래? 그런데 넌 그다지 절망적으로 보이지 않는 구나?"

그러자 아이는 깜짝 놀란 표정으로 이렇게 말하더라는 것입니다.

"절망적이라구요? 왜 우리가 절망적이어야 하죠? 우린 아직 한 번도 공격을 하지 않았는데요?"

그렇습니다. 우리의 인생, 아직 절망적이라고 말할 수는 없습니다. 왜요? 아직 하나님의 역사가 남았기 때문입니다. 아직 하나님이 우리를 도우실 일이 많이 남아있기 때문입니다. 아직 우리는 다음에 할 우리의 멋진 공격을 하지 않았기 때문입니다.

우울증에 빠진 자녀에게, 예수 안에 있는 부모를 바라보면서 아이들이 예수 안에서 자신을 발견할 수 있도록 도와줘야 합니다. 아이들이 예수 안에 있을 때에야 비로소 자신이 얼마나 소중한 존재인지 알고 기쁨을 회복할 수 있기 때문입니다. 빌립보서 4장 4절이 뭐라고 말씀하고 있습니까?

"주 안에서 항상 기뻐하라 내가 다시 말하노니 기뻐하라."

여러분, 아니 어떻게 항상 기뻐할 수 있어요? 주님 안에 있으면 됩니다.

무슨 말입니까? 항상 기뻐하기 위해서는 주님 안에 있어야 한다는 것입니다. 주님 안에 있으면 행복해요. 왜요? 주님이 날 사랑하시니까 주님 안에 있으면 행복하고 기쁠 수밖에 없습니다.

여러분, 사람이 언제 제일 행복한지 아십니까? 제가 살아보니까 사랑받고 사랑할 때가 가장 행복한 것 같습니다. 그래서 그 사랑이 변하면 아주 불행해집니다. 그래도 주님 안에 있으면 그런 걱정 안 해도 됩니다. 왜요? 주님은 항상 날 사랑하시니까요. 변하지가 않습니다. 그냥 나만 보면 좋으시데요.

그런데 교회 다니는 많은 분들을 보면 불행해 보입니다. 기쁨이 없습니다. 왜요? 주님 안에 있지 않는 겁니다. 그래서 맨날 걱정과 염려 속에 살아갈 수밖에 없는 겁니다. '저 녀석이 공부를 안 하네, 공부를.' 그래서 맨날 걱정합니다.

그리고 데살로니가전서 5장 16절에서 18절을 이상하게 읽습니다. 말씀이 어떻게 되어 있습니까?

"항상 기뻐하라 쉬지 말고 기도하라 범사에 감사하라 이는 그리스도 예수 안에서 너희를 향하신 하나님의 뜻이니라" 아닙니까? 그런데 주님 안에 있지 않고 주님 바깥에 있으면 이렇게 읽습니다.

"항상 공부해라 쉬지 말고 공부해라 범사에 공부해라 이는 너희를 향한 부모의 뜻이니라."

사랑하는 여러분, 그런데 주님 안에 있으면 어떻습니까?

"저 녀석이 공부를 안 해요. 주님!"

그러면 주님이 내 안에서 이렇게 말씀하십니다.

"걱정하지 말고 기도해. 내가 있잖아. 내가 저 녀석 잘 키울 테니 걱정하지 마. 네 뜻대로 안 되도 내 뜻 안에서 반드시 비전을 이룰 거야. 그러니 저렇게 하루 종일 놀아도 지치지 않는 튼튼한 체력으로 인해 감사해. 알았지?" 뭐 이렇게 말씀하시는 겁니다.

그렇습니다. 왜 우리가 기쁨을 잃어버렸습니까? 환경이 안 좋아서요? 경제적으로 어려워져서요? 성적이 안 나와서? 애와 남편이 속 썩여서요? 아니오. 주님 안에 있지 않기 때문입니다.

생각해 보세요. 예전보다 얼마나 잘살게 되었습니까? 예전에 제 꿈이 수세식 화장실이 있는 집에서 사는 거였습니다. 옛날 생각하면 지금 다 부자입니다. 전화 있지, 텔레비전 있지, 냉장고 있지, 세탁기도 있지, 선풍기도 있지. 어릴 적 바라던 거 다 이루어졌잖습니까? 그래서 기쁘세요? 아니오.

무슨 말입니까? 우리가 바라던 것이 다 이루어진다고 해서 기쁨이 오는 것이 아니라는 것입니다. 개그 프로를 보는 모든 사람이 웃는 것은 아니라는 말입니다.

얼마 전 과학고 다니던 머리 좋은 녀석이 자살을 했잖습니까? 과학고 들어갔을 때 얼마나 기뻤겠습니까? 과학고 들어가기가 어디 쉽습니까? 예전에 분당이 평준화되기 전에 제가 한 녀석에게 물었습니다.

"얘, 너 언제가 제일 기뻤니?" 그러자

"서현고 들어갔을 때요."

그래서 다시 물었습니다.

"그럼 언제가 가장 힘들고 괴로운데?" 그러자

"지금이요" 그러더라구요.

사랑하는 여러분, 진정한 기쁨, 변하지 않는 기쁨, 상황에 상관없는 기쁨은 환경이 주는 것이 아닙니다. 우리가 원하는 것을 얻었다고 생기는 것이 아닙니다. 우리가 항상 기뻐할 수 있는 비결은 주님 안에서 주님의 사랑을 느끼며 살 때입니다. 주님을 사랑할 때 변치 않는 기쁨을 누릴 수 있습니다.

자녀를 위한 기도문

"자녀를 향한 나의 욕심으로
충고와 교훈을 일삼지 않게 하소서.
하나님의 형상이 망가지지 않도록
격려하고 인정하는 부모가 되게 하소서.
하나님 때문에 언제나 기뻐하고
행복할 줄 아는 긍정적인 사람으로 자라게 하소서.
예수님의 이름으로 기도합니다. 아멘."

자녀교육의 1차 책임은
언제나 부모다

부모에게 야단맞지 않고 자란 아이는 좋은 사람이 될 수 없다.– 벤자민 프랭클린

요즘 초등학생들은 방과 후 공부할 때 부모의 도움을 가장 많이 받는다고 합니다. 인터넷 초등학습지 와이즈캠프(www.wisecamp.com)가 전국 초등학생 1,492명을 대상으로, '공부할 때 누구의 도움을 가장 많이 받고 있는가?'를 물었더니 부모님이라고 대답한 학생이 57%(844명)로 가장 많았습니다.

이는 초등학생을 대상으로 하는 일제고사가 부활되면서 과외를 비롯해 외부의 도움을 받는 아이들이 많을 것이라는 예상을 깨뜨린 결과였습니다. 아무리 사회가 진보해도 교육이 이루어지는 기본적인 토양은 가정을 떠날 수 없다는 것을 다시 한 번 확인해 주었습니다.

하지만 문제는 가정에서 자녀교육을 담당하는 부모들의 의식입니다. 많은 부모들이 자녀교육을 감당하고 있으면서도 자신이 자녀에게 얼마나 큰 영향력을 주고 있는지 잘 모릅니다. 그래서 아이에게 문제가 생겼을 때 대부분의 부모들은 아이들을 가르치는 교사로서 자신의 역할을 돌아보기보다는 다른 교육자나 기관을 탓하곤 합니다.

이런 현상은 기독교인들도 마찬가지입니다. 아이가 신앙생활을 잘하지 못하면 주일학교 교사나 사역자에게 책임을 돌립니다. 아이의 성적이 떨어지거나 공부를 못하면 학원이나 과외 선생님에게 문제가 있다고 말하곤 합니다.

물론 아이를 가르치는 교사나 사역자, 그리고 다른 교육기관에 책임이 없다는 것이 아닙니다. 이 땅에서 아이들을 가르치는 사람이라면 누구든지 교육의 결과에 책임을 져야 할 것입니다.

하지만 성경은 아이들을 향한 교육의 일차적인 책임이 교회나 학교가 아니라 부모에게 있다고 말씀하고 있습니다. 신명기 6장 7절에서 하나님은 부모가 자녀를 가르칠 것을 명령하십니다.

"네 자녀에게 부지런히 가르치며 집에 앉았을 때에든지 길을 행할 때에든지 누웠을 때에든지 일어날 때에든지 이 말씀을 강론할 것이며."

안타깝게도 많은 부모들은 자녀가 혼자 스스로 잘 하기를 기대하면서 자신의 책임을 회피합니다. 아이들이 알아서 학원가고 자신의 일을 척척 해내기를 원하는 것입니다.

그러나 아이들이 그렇게 자랄 수 있다면 하나님은 가정이라는 울타리를 만들지 않았을 것입니다. 삼손의 아버지 마노아가 하나님께 삼손을 "어떻게 기르며 어떻게 행하리이까?"라고 물은 것처럼, 부모는 자녀를 잘 기르기 위해 책임감을 가지고 하나님의 뜻을 구해야 합니다.

그렇다면 자녀교육에서 부모는 어떤 책임을 가져야 할까요?

첫 번째로 부모는 자녀에게 하나님의 말씀을 부지런히 가르칠 책임이 있습니다. 인간은 태어날 때부터 하나님을 부인하는 죄의 본성을 갖고 태어납니다. 하나님에게 관심이 없습니다. 하나님을 찾지 않습니다.

그러기에 부모는 자녀에게 말씀을 가르쳐야 합니다. 일주일에 한 시간도 안 되는 분반공부를 가르치는 주일학교 교사에게만 맡겨서는 안 됩니다. 말씀을 가르치는 것은 사역자나 주일학교 교사만의 일이 아닙니다. 부모의 가장 우선하는 책임은 자녀에게 부지런히 말씀을 가르치는 일입니다.

말씀의 거울

"또 아비들아 너희 자녀를 노엽게 하지 말고 오직 주의 교양과 훈계로 양육하라"(엡6:4).

두 번째로 부모는 자녀들을 잘 훈계해야 할 책임이 있습니다. 오늘날 '기독교'라는 이름으로 진행되는 수많은 자녀 양육 프로그램과 서적들이 실제로는 기독교적이지 않습니다. 대표적인 내용이 훈계는 배제한 채 자존감만을 과도히 높여주는 것입니다.

아이를 칭찬하고 놔두면 저절로 잘 자랄 것이라는 잘못된 교훈과 풍조가 크리스천 부모들에게 전달되고 있습니다. 그 결과 아이들은 주의 교양과 훈계를 상실한 채 제멋대로 자라나고 있습니다.

부모는 자녀가 주의 교양과 훈계를 깨닫고 순종하는 길을 걸을 수 있도록 가르쳐야 합니다. 어떻게 자녀를 훈계하는 것이 좋은지 성경을 통해 배워야 합니다. 그렇게 할 때 자녀들은 올바른 길로 들어서 복되고 아름다운 인생을 살 수 있습니다.

세 번째로 부모는 자녀들을 노엽게 해서는 안 됩니다. 훈계한다는 것과 노엽게 하는 것은 같은 말이 아닙니다. 소리를 지르면서 자식을 자신의 소유로 생각하고 비인격적으로 나무라는 것은 훈계가 아닙니다.

훈계는 주의 교양과 말씀을 가지고, 잘못된 길로 들어서는 자녀를 올바른 길로 갈 수 있도록 징계를 가하는 것입니다. 자녀에 대한 감정을 그릇된 방식으로 표출하면서 자녀를 노엽게 하고 있다면 책임 있는 부모라고 할 수 없습니다. 따라서 자녀들을 노엽게 하고 있다면 지금이라도 당장 자신의 잘못된 모습을 하나님 앞에 자백하고 먼저 자신을 다스려야 할 것입니다.

한번은 자녀가 게임에 중독 되어 힘들어하는 가정에 심방을 간 적이 있습니다. 아무리 말을 해도 아이가 듣지 않는다는 어머니의 애타는 마음을 외면할 수 없어 만사를 제치고 그 가정을 찾아갔습니다.

그러나 그 가정에 들어서는 순간 아이의 부모에게 책임을 묻지 않을 수 없었습니다. 방마다 컴퓨터가 있었습니다. 아버지는 바빠서 아이와 함께할 수 있는 시간이 없었고 어머니 역시 자녀에게 어떤 영적인 영향력도 끼치지 못하고 있었습니다. 게다가 아이는 게임과 TV에 빠져 자기 마음대로 시간을 보내는 습관이 이미 몸에 깊숙이 배어 있었습니다. 하나님의 말씀을 부지런히 가르치며, 잘못된 길로 걷지 않도록 훈계하며 아이의 마음을 헤아려야 할 책임 있는 부모의 부재가 아이를 망치고 있었습니다.

성경은 각 가정에 보내 주신 자녀가 하나님께서 부모에게 맡기신 기업이라고 말씀하고 있습니다. 그러기에 부모는 자녀를 잘 키워야 할 책임이 있습니다. 그 책임은 학원과 교회에 위임한다고 해서 되는 것이 아닙니다. 돈을 많이 벌어다 준다고 해서 교육 기자재를 많이 사 준다고 해서 책임이 없어지는 것도 아닙니다.

자녀 교육의 일차적 책임은 어떤 누구도 아닌 바로 부모에게 있기 때문입니다. 따라서 자녀를 잘 키우고 싶다면 학원과 교회에만 자녀의 학업과 신앙 교육을 맡기지 말고 가정에서 부모의 책임을 먼저 회복해야 합니다. 그렇게 할 때 우리 자녀들은 주님 안에서 믿음을 갖고 건강한 크리스천으로서 성장해 갈 수 있습니다.

자녀를 위한 기도문

"사랑의 하나님 아버지!

자녀 양육의 책임은

무엇보다 저에게 있음을 잊지 않게 하시고

주의 교양과 훈계로 자녀를 양육할 수 있도록

말씀의 지혜를 주소서.

예수님의 이름으로 기도합니다. 아멘."

06

부모부터 세상의 유행을
따라가지 말라

위대한 업적을 이룬 것은 힘이 아니라 불굴의 노력이다. – 사무엘 존슨

우리가 잘 알고 있는 유머 중에 사오정 시리즈가 있습니다. 요즘 같이 취업이 힘들었던 IMF시절 사오정은 아무리 입사원서를 넣어도 취업이 되지 않았습니다. 더 안타까운 것은 필기에서 떨어지는 것이 아니라 면접에서 떨어지는 것이었습니다. 그런데 같이 어울리던 손오공은 회사에 지원하는 대로 합격이 되는 것입니다. 그래서 어느 날 오정이가 오공이에게 비결을 물었습니다.

"오공이 형, 어떻게 하면 면접에 잘 통과할 수 있어?"

그러자 손오공이

"그게 맨입으로 되냐?"면서 가르쳐 주지 않았습니다.

그래서 오정이는 온갖 선물 공세와 아부를 한 끝에 면접의 비결을 얻을 수 있었습니다. 손오공과 같이 입사원서를 내고 손오공이 먼저 면접을 볼 때 뒤에서 잘 보고 있다가 그대로 따라한다는 것이었습니다.

드디어 면접날이 되었습니다. 면접관이 묻습니다.

"손오공씨, 좋아하는 축구선수가 있습니까?"

"예, 전에는 안정환이었지만 지금은 박주영입니다."

"네, 그럼 운동에 대해서 한 가지 질문을 더 던지겠습니다. 박찬호선수의 등 넘버는 몇 번입니까?"

"네, 61입니다."

"운동에 관심이 많으시군요. 그럼 좀 황당한 질문을 해 보겠습니다. UFO에 대해 어떻게 생각하십니까?"

"네, 아직 과학적으로 검증이 되지 않아 잘 모르겠습니다."

뒤에서 지켜보던 사오정은 너무 기가 막혔습니다. '내가 저렇게 쉬운 것을 못해 여태껏 취업이 안 되다니. 이번엔 무조건 된다.' 각오를 하고 앉았습니다. 면접관이 묻습니다.

"당신의 이름은 무엇입니까?"

"네, 전에는 안정환이었지만 지금은 박주영입니다."

"네, 뭐라구요? 장난합니까? 어떻게 이름이 달라요. 이름이 뭐예요?"

"네, 전에는 안정환이었지만 지금은 박주영입니다."

"이 사람 황당하네. 그렇다 치고 당신의 나이는 몇 살입니까?"

"네, 61입니다."

"뭐라구요? 이런 정신 나간 사람이 있나? 도대체 당신의 귀는 잘 들립니까?"

"아직 과학적으로 검증이 되지 않아 잘 모르겠습니다."

여러분, 이 유머가 의미하는 것이 무엇입니까? 아무런 목적 없이 남이 하는 대로 따라하는 세상을 풍자한 것입니다. 저는 이 유머를 들으면서 세상을 변화시키는 영적거인이 되기는커녕 무조건 세상을 따라하는 우리 아이들의 안타까운 모습이 떠올랐습니다.

그렇다면 이런 상황 속에서 우리는 어떻게 자녀들을 세상 속의 영적거인으로 키워 낼 수 있을까요? 하나님의 부르심에 순종하는 자세를 가르쳐야합니다. 얼마 전 「하나님을 경험하는 삶」의 저자 헨리 블랙가비는 「왜 사무엘인가?」라는 책을 통해 위기를 바꿀 수 있는 영적거인 한 사람을 소개했습

말씀의 거울

"이 율법책을 네 입에서 떠나지 말게 하며 주야로 그것을 묵상하여 그 가운데 기록한 대로 다 지켜 행하라 그리하면 네 길이 평탄하게 될 것이라 네가 형통하리라"(수1:8).

니다. 바로 사무엘입니다. 하나님이 세운 지도자 사무엘이 순종을 통해서 위기의 세상을 바꾸는 영적 거인으로 서게 된 것을 자세히 풀어준 책입니다. 그러나 많은 부모들이 자녀들에게 순종의 자세를 가르치는 데 게으릅니다. 그저 아이들이 내신이나 잘 나오고 시험을 잘 봐 명문대학에 들어가는 것에만 관심이 있습니다.

하지만 사무엘의 어머니 한나는 어릴 적부터 사무엘에게 하나님의 부르심에 순종하는 자세를 가르쳤습니다. 그 결과 사무엘상 2장 18절은 이렇게 기록하고 있습니다.

"사무엘이 어렸을 때에 세마포 에봇을 입고 여호와 앞에 섬겼더라."

우리 자녀들이 세상을 바꾸는 영적거인으로 사는 것을 보고 싶다면 무엇보다 순종의 자세를 가르쳐야 합니다.

또한 자녀들의 영적 성장에 관심을 가져야 합니다. 사무엘상 2장 21절입니다.

"여호와께서 한나를 권고하사 그로 잉태하여 세 아들과 두 딸을 낳게 하셨고 아이 사무엘은 여호와 앞에서 자라니라."

영어 성경은 '하나님 앞에서'라는 단어를 'in presence of the Lord'라고

예배드리는 자녀가 성공한다

기록하고 있습니다. 무슨 말이에요? 사무엘이 주 되신 하나님께 매일 나갔다는 말입니다. 다시 말하면 날마다 하나님의 말씀을 듣고 기도하는 큐티 생활을 했다는 말입니다. 그러자 어떻게 되었습니까? 자라간 것입니다. 사무엘은 하나님과 민족을 위해 크게 쓰임 받는 영적 거인이 되었습니다.

자녀들이 세상을 바꾸는 영적 거인이 되는 것을 보고 싶다면 자녀가 영적으로 성장할 수 있도록 관심을 갖고 경건의 훈련을 시켜야 합니다. 그렇게 할 때 자녀들은 세상 속의 영적 거인으로 자라게 될 것입니다.

아무 것도 가진 것이 없었지만 하나님의 말씀과 기도로 세상을 변화시킨 영적 거인 중에 조지 뮐러라는 목사님이 있습니다. 그는 세상을 바꾸기 위해 하버드에 들어가진 못했습니다. 돈을 많이 갖고 있지도 않았습니다. 그러나 그는 날마다 말씀과 기도로 하나님 앞에서 살았습니다. 하나님 앞에서 자라갔습니다. 그리고 그는 세상을 변화시켰습니다. 그는 이렇게 고백합니다.

"나는 예수님을 믿고 처음 3년간은 성경을 읽지 않았습니다. 그때 나는 신자로서의 기쁨도 사명도 느끼지 못한 죽은 신자였습니다. 나는 그 3년간을 '잃어버린 시간'이라고 생각합니다. 영적 생활의 활력은 날마다 성경을 얼마나 읽느냐와 정비례합니다."

그렇습니다. 세상을 바꾸는 영적 거인은 세상의 흐름에 기준을 맞추기 위해 몸부림치는 사람이 아닙니다. 오히려 세상의 기준을 거절하고 하나님의 부르심을 따라 말씀과 기도로 하나님 앞에서 자라가는 사람, 그래서 하나님과 사람들 앞에 인정받는 사람, 바로 그 사람이 세상을 바꾸는 사람입니다.

사랑하는 자녀들을 하나님과 사람이 인정하는 영적 거인으로 자라게 하고 싶다면 부모가 먼저 하나님께 순종하며 자라가는 모습을 보여 주셔야 합니다. 그리고 그것을 가르쳐야 합니다.

그렇게 할 때 우리 자녀들은 세상의 기준에 주눅 들지 않고 오히려 세상을 바꾸는 영적거인으로 하나님 앞에 쓰임 받을 수 있습니다.

자녀를 위한 기도문

"세상의 기준에 따라

자녀가 자라가고 성공하기를 기대했던

저의 무지를 용서하여 주시고

이제는 저희 자녀들이

하나님의 말씀으로 자라가고 형통하게 하소서.

자녀의 입과 마음속에 하나님의 말씀이

늘 넘치게 하시고

말씀 훈련을 통해 이 시대를 이끄는

진정한 영적 거장으로 자라가게 하소서.

예수님의 이름으로 기도합니다. 아멘."

07

내 자식이라도
아는 만큼만 이해할 수 있다

대화를 잘 나누는 사람은 말을 잘하는 사람이 아니라 다른 사람이
말하고 싶어 하는 것에 관심을 잘 보이는 사람이다.- 카네기

최근에 한국방송광고공사 공익광고협의회가 일본
의 공공광고기구와 양국 공통의 사회 문제인 '부모-자식
간의 커뮤니케이션'을 주제로 한·일 공동 공익광고 캠페
인을 전개한다고 합니다.

주제를 '부모-자식간의 커뮤니케이션'으로 정한 이유는 청소년 문제의
근본적인 원인이 바로 부모 자식간의 대화 부족이라는 데 인식을 같이 했기
때문이었습니다. 다시 말해서 청소년 범죄의 급증, 왕따와 이지매, 올바른
가치관 정립을 위한 교육 부족이 모두 부모 자식간의 대화가 부족하기 때문

이라는 것입니다.

실제로 많은 가정이 대화가 부족하거나 잘못된 대화 방식 때문에 부모 자식 간에 심한 갈등을 겪고 있습니다. 특히 사춘기에 접어든 자녀들과 어떻게 대화해야 하는지를 알지 못해 사소한 일로 큰 대가를 치르는 가정이 비일비재 합니다.

가정에 대화는 없어지고 지시와 명령만이 있을 뿐입니다. 잠언 18장 13절 "사연을 듣기 전에 대답하는 자는 미련하여 욕을 당하느니라"는 말씀처럼 자녀의 말은 듣지도 않고 훈계와 명령만이 가득합니다.

이런 가정은 결코 건강할 수 없으며 부모의 바람과 상관없이 자녀들은 잘못된 길로 들어서기 쉽습니다. 그러기에 우리는 성경적 원리로 돌아가 어떻게 자녀와 올바른 대화를 해 나갈 수 있는지 배워야 합니다.

그렇다면 어떻게 자녀와 올바른 대화를 해 나갈 수 있을까요?

첫 번째로 듣는 훈련을 해야 합니다. 대화는 독백이 아닙니다. 자신의 주장을 펴는 것도 아닙니다. 대화는 다른 사람의 의견을 듣고 자신의 생각을 말하는 커뮤니케이션입니다.

여기서 중요한 것은 먼저 들어야 한다는 사실입니다. 듣지 않고 말할 때 그것은 이미 대화가 아닙니다. 많은 가정에서 듣지 않고 말하고 있습니다. 건성으로 듣습니다. 판단하며 듣습니다. 그리고 자녀의 말이 끝나기도 전에 부모는 자신의 생각을 말합니다.

이것은 옳은 일이 아닙니다. 자녀를 노엽게 하는 일입니다. 이런 상태에서 전해지는 훈계는 영향력이 없습니다. 그러기에 듣지 않고 말하려는 것을 중단해야 합니다. 자녀의 마음을 헤아리며 판단하지 말고 먼저 듣는 법을 배워야 합니다. 그렇지 않으면 자녀로 인한 문제는 사라지지 않습니다.

지금 청소년들의 문제는 우리가 더 많이 가르치지 않았기 때문에 생기는 것이 아니라 그들의 말을 제대로 들어주지 못했기 때문에 생기고 있음을 기억해야 합니다.

두 번째로 들은 것을 요약해서 확인해야 합니다. 대화에 있어서 가장 어려운 것은 바로 듣는 일입니다. 부부관계에서, 부모와 자녀 관계에서 오해가 자주 일어나는 것은 잘 듣지 못하기 때문입니다.

실제로 아이들과 상담해 보면 아이들은 "부모님이 나의 말을 무시하는 것이 가장 견디기 힘들다"고 고백합니다. 듣지 않는 부모가 많다는 것입니다. 그러나 부모님들을 만나 보면 "잘 들어 주려고 애쓴다. 오히려 너무 많이 들어 주고 있다"고 말합니다.

그렇다면 어떤 문제가 있는 걸까요? 그것은 요약하며 듣지 않는다는 것입니다. 듣는 것은 쉽지만 잘 듣는 것은 쉽지 않습니다. 대화는 쌍방관계에서 일어나는 것이기에 내가 말한 대로 상대방이 듣지 못할 수도 있고 내가 들은 대로 상대방이 말한 것이 아닐 수도 있습니다.

그러므로 들을 때 중요한 것은 요약입니다. 자녀가 말을 할 때 "내가 듣기에는 이렇게 말했는데 내가 잘 들었니?"라고 중간 중간 부모가 들은 것을 확인해 주어야 합니다.

이렇게 할 때 자녀는 부모가 자신의 말을 잘 듣고 있다고 느끼고 마음을 열어 속 얘기를 하게 되는 것입니다.

세 번째로 인격적인 언어를 사용해야 합니다. 말의 내용도 중요하지만 태도가 더욱 중요합니다. 아무리 좋은 내용의 말이라 할지라도 흥분해서 명령하거나 비교하거나 무시하거나 비난하는 태도로 말한다면 말의 내용은 제대로 전달되지 않을 것입니다. 에베소서 6장 4절은 말씀하고 있습니다.

"또 아비들아 너희 자녀를 노엽게 하지 말고 오직 주의 교양과 훈계로 양육하라"

말을 할 때 잘못된 태도로 자녀를 노엽게 하지 말라는 것입니다. 그러나 실생활에서는 자녀를 노엽게 하여 주의 교양과 훈계가 아니라 부모 자신의 생각과 감정을 쏟아 내는 경우가 많습니다. 이렇게 되면 자녀들은 더욱 마음의 문을 닫게 되고 다른 사람과 자신의 생각을 나누며 다른 사람의 의견을 받아들일 수 있는 건강함을 갖지 못하게 됩니다.

말씀의 거울

"사연을 듣기 전에 대답하는 자는 미련하여 욕을 당하느니라"(잠 18:13).

그러기에 부모들은 주의 교양과 훈계를 가지고 인격적인 언어를 사용해야 합니다. 그렇게 할 때 자녀는 부모와 행복한 대화에 들어갈 수 있을 것입니다.

사람이 다른 피조물과 다른 점이 있다면 그것은 말을 할 줄 안다는 사실입니다. 인간만이 대화를 할 수 있습니다. 대화를 통해 인간은 아름다운 관계를 맺으며 행복한 생활을 영위할 수 있습니다.

가정도 마찬가지입니다. 가정의 행복은 성경적인 원리를 따라 잘 듣고 잘 말할 줄 아는 대화에 있습니다. 그러나 말을 잘 할 줄 아는 것은 그냥 되지 않습니다. 잘 듣고 요약하고 인격적인 언어로 대화할 수 있는 훈련이 필요합니다. 이런 필요를 느끼신다면 지금 하고 있는 잘못된 대화의 방식을 버리고 성경적인 대화의 원리를 연습하시기 바랍니다. 행복한 가정 속에서 부모는 물론 다른 사람과 건강한 커뮤니케이션 할 수 있는 자녀의 모습을 보게 될 것입니다.

자녀를 위한 기도문

"나의 모든 기도를 들으시는 하나님!

자녀를 향한 열린 귀, 듣는 귀를 허락하소서.

권위적인 부모가 아닌

친구 같은 부모가 되게 하소서.

사랑의 언어를 통해 자녀의 영혼이

자라게 하소서.

예수님의 이름으로 기도합니다. 아멘."

08

리더십은 좋은
관계에서 나온다

사람의 가치는 타인과의 관계로서만 측정할 수 있다. – 니체

코비 리더십 센터의 창립자이자 프랭클린 코비 사
의 공동 회장으로, 30년 이상 수백만 명의 개인과 기업,
가족들에게 리더십을 교육해 온 스티븐 코비는 그의 저서
「성공하는 가족들의 7가지 습관」이라는 책에서 오늘날 이 땅의 부모로 살아
가는 우리들에게 이런 충고를 했습니다.

"여러분이 앞으로 의사, 변호사, 사업가로서 책임을 다하는 것은 매우 중
요합니다. 그렇지만 올바른 인간으로 성숙해 가고 다른 사람들과의 관계,
특히 배우자와 자녀와 친구들과 관계를 돈독하게 하는 것이야말로 가장 중

요한 투자가 될 것입니다. 시험 하나에 더 합격하지 못했다고 해서, 재판에서 한 번 더 승소하지 못했다고 해서, 거래 한 건을 더 성사시키지 못했다고 해서 인생의 마지막 순간에 후회하지는 않을 것입니다. 하지만 여러분이 배우자와 자녀, 친구, 부모와 더 많은 시간을 갖지 못했다면 그 점은 반드시 후회하게 될 것입니다."

누구도 로빈슨 크루소처럼 단절된 관계에서는 살 수 없고 요람에서 무덤까지 부단히 관계를 맺으며 살고 있습니다. 그 관계 중에서 가장 중요한 관계가 있다면 첫째는 하나님과의 관계고 그 다음이 부부관계, 자녀와의 관계일 것입니다. 이 관계를 어떻게 풀어 가느냐에 따라 가정의 행복이 찾아오기도 하고 불행의 그림자가 드리워지기도 합니다.

스티븐 코비가 지적한 것처럼 가정에서 부모와 자녀의 관계는 매우 중요합니다. 그러나 스티븐 코비의 애정 어린 충고를 무시하는 부모들이 많습니다. 자녀와 좋은 관계를 맺지 못하고 일방적인 교육과 지나친 보호로 경직된 관계를 갖고 있습니다.

다시 말해서 유교 문화의 뿌리를 완전히 털어버리지 못한 채 수직적인 관계를 맺고 있거나 기독교적인 가족관을 정립하지 못한 채 기형적인 관계를 맺고 있습니다. 자녀와의 이런 잘못된 관계는 자녀를 지나치게 의존형 아이로 만들거나 가족이라는 울타리를 벗어나 위험한 독립을 추구하는 아이로 만들어 버립니다.

이런 사실을 증명하듯 최근 인터넷에서 10대 청소년을 대상으로 한 '가출 카페'가 활개를 치고 있습니다. 이미 가출을 했거나 할 생각이 있는 청소년들이 가출 카페를 통해 같이 집을 나갈 일행을 구할 뿐 아니라 가출에 대한 여러 가지 정보를 공유하고 있습니다. 최근 한 유명 포털사이트의 가출 카페 회원은 무려 2,630여 명, 한 해 거리로 쏟아져 나오는 가출 청소년만 8만 명에 이르고 있는 실정입니다.

위와 같은 사실에도 많은 부모들은 '우리 아이는 가출하는 아이와는 달라'라고 생각할지 모릅니다. 하지만 가출하지 않더라도 가정에서 아이들이 느끼는 가장 큰 어려움이 부모와의 갈등이라는 것은 기억해야 합니다. 부모와 갈등을 느끼는 아이들이 가정에서 부모와 좋은 관계를 맺지 못하고 세상에서 잘못된 탈출구를 찾아 방황하고 있음을 깨달아야 합니다.

그러기에 자녀를 올바른 길로 잘 인도하는 리더십을 발휘하고 싶다면 무엇보다 자녀와 좋은 관계를 맺기 위한 부모의 노력이 절실히 필요합니다. 가정에서 자녀를 효과적으로 양육할 수 있는 리더십은 좋은 관계에서 시작되기 때문입니다.

그렇다면 어떻게 자녀와 좋은 관계를 맺을 수 있을까요? 좋은 관계를 맺기 위한 여러 가지 방법이 있지만 다섯 가지만 말씀드리려 합니다.

첫째로 부모 스스로가 긍정적인 자화상을 가져야 합니다. 부모가 자녀와 좋은 관계를 가지려할 때 제일 방해가 되는 것은 부모 자신 안에 있는 상처입니다. 상처가 치유되지 않았을 때는 상대적으로 힘이 약한 자녀들에게 부모 자신의 기분과 감정에 따라 원칙 없는 훈계를 하게 되기 때문에 자녀와의 관계는 깨지게 되어 있습니다.

그러기에 자녀와의 좋은 관계를 원한다면 부모는 먼저 상한 심령을 고치시는 하나님께 나아가 자신 안에 있는 상처를 고침 받아야 합니다.

두 번째로 자녀를 신뢰하는 부모가 되어야 합니다. 자녀들은 믿어 주는 만큼 반응합니다. 믿어 주지 않는 사람과 좋은 관계를 맺는다는 것은 불가능한 일입니다. 기억하십니까? 하나님은 믿을 수 없이 연약한 제자들을 믿어 주시고 그들에게 세계 복음화의 사명을 맡기셨습니다.

세 번째로 자녀를 이해하는 창문을 가진 부모가 되어야 합니다. 행복한 가정에는 두 개의 열린 창문이 있습니다. 그 중 하나가 이해의 창입니다. 이해의 창문이 있을 때 인간관계는 더욱 깊어질 수 있습니다. 그러나 문제는 부모들이 이해의 창문을 열어놓기 보다는 비판의 빗장으로 아이들과의 관계를 단절시키고 있다는 것입니다. 관계가 좋아지기 위해서는 비판대신 이해(understanding)의 창문을 가져야 합니다.

네 번째로 자녀를 용서하는 창문을 가진 부모가 되어야 합니다. 행복한

말씀의 거울

"경우에 합당한 말은 아로새긴 은쟁반에 금사과니라"(잠25:11).

가정에 있는 또 하나의 창문은 용서의 창입니다. 용서의 창문이 있을 때 인간관계는 어려움을 넘어서 견고한 관계로 들어설 수 없습니다. 주님께서 우리를 용서하셔서 자녀로 부르심같이 자녀들이 실수할 때 용서를 통해서 용납 받고 있음을 느끼게 해 주어야 합니다.

마지막으로 자녀를 위해 기도하는 무릎을 가진 부모가 되어야 합니다. 자녀 양육의 성패는 우리의 힘과 노력이 아니라 하나님께 있습니다. 하나님의 도우심이 없다면 우리의 노력은 세상의 거센 풍파 앞에 물거품처럼 사라지고 말 것입니다. 기도를 통해서 하나님 앞에 나아가 자녀를 품으셔야 합니다. 그럴 때 자녀와의 좋은 관계를 맺을 수 있습니다.

세상에서 가장 좋은 부모는 어떤 부모일까요? 자녀의 학원비를 위해서 몸을 아끼지 않고 뒷바라지하는 부모일까요? 아니면 자녀를 자신이 경험한 대로 강압적으로 이끌어가는 부모일까요? 아닙니다. 세상에서 가장 좋은 부모는 자녀와 좋은 관계를 통해서 자녀에게 선한 영향력을 끼치는 부모입니다.

그러므로 요즘 아이들 이해할 수 없다고 말하기 전에, 아니 아이들이 내 말을 아예 듣지도 않는다고 말하기 전에, 그들에게 영향력을 끼칠 수 있는 부모가 되기 위해 좋은 관계를 맺기 위한 노력을 하고 있는가를 먼저 질문해야 합니다. 그렇게 할 때 자녀들은 어느 때인가 바른 길을 걷고 있는 부모의 뒤를 따라 하나님의 사람으로 그 길을 걷고 있을 것입니다.

자녀를 위한 기도문

"긍정적인 자화상을 가지고

자녀를 신뢰할 수 있는

부모가 되게 하소서.

자녀를 향한 용서의 창문을 갖고

기도하는 무릎을 가진 자 되게 하소서.

자녀를 향한 이해의

창문을 넓게 하소서.

예수님의 이름으로 기도합니다. 아멘."

자녀의 숨은 능력을
끌어내라

리더십이란 모범을 보이는 것이다. - 아이아코카

일본의 덴소라는 기업의 이야기입니다.

도요타자동차에서 분리되어 1949년 설립된 덴소라는 기업
은 창업 이래 단 한 번도 적자를 내지 않고 글로벌화에도
모기업인 도요타보다 10여 년이나 앞섰다고 합니다.

어떻게 그렇게 될 수 있었을까요? 덴소는 다른 기업과 달리 연구 개발에
많은 투자를 했을 뿐 아니라 특히 인재 양성에 힘을 썼기 때문입니다. 덴소
는 창업한 지 5년도 안 돼 기능자 양성소를 자체적으로 설립하고, 이 양성소
를 덴소공업기술 단기대학으로 발전시켜 연간 250억 원이라는 엄청난 재원

예배드리는 자녀가 성공한다

을 투자했습니다. 그 투자 중에서도 덴소가 오늘날의 덴소가 될 수 있었던 것은 바로 1대 1 코칭 때문이었다고 합니다.

단기 대학의 우수 졸업생들이 1대 1 코칭 훈련을 받아 덴소의 후진을 양성하는 기능 엘리트로 활동함으로써 덴소의 잠재력이 극대화 된 것입니다. 코칭이 중요하다는 말입니다.

우리는 흔히 코칭이란 스포츠 경기에서 선수들을 관리하고 지도하는 것으로 알고 있습니다. 그러나 1980년대 이후 미국을 중심으로 좀 더 포괄적으로 발전된 코칭은 스포츠에 머물지 않고 일상에서 혹은 직장에서, 가정에서 좀 더 넓은 의미로 확대되고 있습니다. 갈수록 다양해지고 복잡해지는 인간관계와 더욱 치열해지는 경쟁 속에서 자신의 잠재력과 가치를 극대화시킬 수 있는 것이 바로 코칭입니다.

그러기에 세상에서 쓰임 받는 인재로 자녀의 잠재력을 극대화시키려는 부모라면 크리스천 코칭에 관심을 가져야 하고 좋은 코치가 되어야 합니다.

그렇다면 코칭이란 무엇일까요? 일반적으로 코칭은 개인의 잠재력을 최대한 키워 스스로 생각하고 움직이는 주도적인 인재로 성장시키는 상호존중의 쌍방향 리더십입니다. 예를 들면 부모가 일일이 지시하고 명령하는 일방적인 관리자의 모습이 아니라 상호존중 속에 이루어지는 수평적 리더십이라는 말입니다.

자녀 앞에서 이끌어 가는 모습이 아니라 자녀의 옆에서 자녀가 자신의 잠재력을 발휘해 앞으로 잘 성장해 나갈 수 있도록 돕는 것입니다.

자녀의 이야기를 잘 경청한 후 효과적인 질문과 피드백을 통해 자녀 스스로 자신의 변화와 성장을 위해 격려하고 지지합니다. 세계적인 심리학자 프로이드가 존재할 수 있었던 것도 자녀의 이야기를 잘 경청하고 난 뒤 긍정적이며 발전적인 피드백을 주었던 어머니가 있었기에 가능했습니다.

그러면 크리스천 코칭은 일반 코칭과 어떤 차이점이 있을까요? 「크리스천 코칭」의 저자 게리 콜린스는 크리스천 코칭이라고 해서 일반적인 코칭과 다른 기술을 사용하는 것은 아니라고 말합니다. 크리스천 코칭과 일반 코칭에 기술적인 공통점이 있다는 것입니다.

그러나 크리스천 코칭은 성경적인 세계관을 갖고 예수님의 모범으로 코칭을 받는 사람들이 헌신된 그리스도의 제자가 되게 하는 목표를 갖고 있다는 점에서 일반 코칭과는 확연히 다르다고 말합니다.

크리스천 코칭은 성경적인 원리에 따라 사람들이 그리스도의 헌신된 제자가 되도록 그들 안에 있는 잠재력을 키워준다는 말입니다.

우리 부모들이 자녀를 양육할 때 수직적인 관계에서 일방적인 명령과 지시가 아니라 크리스천 코칭을 통해 자녀들의 잠재력을 개발시켜 준다면 우리 자녀들은 그리스도의 헌신된 제자요, 영향력 있는 세상의 리더로 살아갈 수 있을 것입니다.

그렇다면 우리가 어떻게 코칭해야 자녀들의 잠재력이 잘 계발될 수 있을까요? 크리스천 코칭은 자녀와 열린 대화를 통해서 자녀에게 하나님이 주신 잠재력을 성령의 도우심으로 발견하고 개발하도록 돕는 것입니다. 자녀와의 열린 대화, 즉 코칭 대화가 중요하다는 말입니다.

첫째로 적극적으로 경청해야 합니다. '적극적 경청'은 자녀들을 코칭할 때 가장 중요한 기술입니다. 자녀가 표현한 것 이상의 의도와 감정, 상황까지 잘 듣지 않는다면 자녀의 마음을 열지 못하기 때문입니다. 그래서 코칭에서 '적극적 경청'을 마음을 여는 스킬이라고 합니다.

둘째로 질문을 잘 해야 합니다. 질문은 자녀의 생각을 열어 주는 스킬입니다. "넌 애가 왜 그러니?"라는 말은 자녀에게 공격적인 비난으로 들리기 때문에 그런 말은 사용하지 말고 "어떻게 하면 그런 일이 일어나지 않을까?"라는 식의 긍정적인 질문을 던져 자녀가 스스로 문제를 극복할 수 있도록 도와주어야 합니다.

아이들을 야단칠 때도 "네가 잘못한 것이 무엇인지 알아?"라는 말보다는 "만약 다시 이 일을 한다면 바꾸고 싶은 것이 무엇이 있을까?"라고 질문하

말씀의 거울

"네가 이것으로 형제를 깨우치면 그리스도 예수의 선한 일군이 되어 믿음의 말씀과 네가 좇은 선한 교훈으로 양육을 받으리라" (딤전4:6).

는 것이 자녀의 생각을 열어 주는 스킬입니다.

셋째로 피드백을 잘 해야 합니다. 피드백은 자녀의 행동을 열어 주는 스킬입니다. 자녀의 행동이 변하기를 원한다면 비난과 과도한 책망대신 긍정적이고 발전적인 피드백을 해 주어야 합니다.

효과적인 칭찬과 인정을 통해 긍정적인 피드백을 주고 "니가 언제 잘 해낸 적이 있니!"라는 인격적인 비난보다는 "이것은 이렇게 하는 것이 어떨까?"라는 발전적인 피드백을 주는 것이 좋습니다.

그러나 무엇보다 자녀를 잘 코칭하고 싶다면 코칭하는 태도에 주의해야 합니다. 자녀 앞에서 위압적인 자세로 코칭한다면 자녀는 어떤 질문에도 자신의 솔직한 대답을 하지 않을뿐더러 부모의 말을 들으려고조차 하지 않을 것이기 때문입니다.

그러기에 자녀의 잠재력을 키워주고 싶다면 크리스천 코칭을 배워야 합니다. 바로 왕의 코치였던 요셉과 모세의 코치였던 이드로처럼, 아니 누구하고도 비교할 수 없이 역사상 가장 탁월한 코치였던 예수님의 코칭을 배워야 합니다. 그렇게 할 때 우리 자녀들은 자신의 잠재력을 키워 세상에 영향력 있는 크리스천으로 살아갈 수 있습니다.

자녀를 위한 기도문

"자녀를 억누르는 부모가 아니라

자녀를 일깨우는

부모가 되게 하소서.

좋은 코치가 될 수 있도록 말과 행동에

지혜를 더하여 주소서.

나를 통해 주님이 주신 달란트를 계발하여

하나님께 영광 돌리는

자녀가 되게 하소서.

예수님의 이름으로 기도합니다. 아멘."

자녀교육 성공비결 3.

믿음의 힘으로
자녀를 성공시키라

"부모는 자녀의 최고의
		멘토이자 리더다"

변화는 격려를 받을 때 일어납니다.
깊은 사랑으로 격려하기 시작할 때 자녀는 좌절에서 일어나
		꿈을 꾸기 시작합니다.

01

현실적인 격려로
자녀를 일으키라

나는 한마디의 칭찬으로 두 달을 기쁘게 살 수 있다. — 마크 트웨인

1995년 영화 슈퍼맨의 주인공이었던 크리스토퍼 리브가 승마를 즐기다가 말에서 떨어져 전신마비 장애우가 되었습니다. 손가락 하나 움직일 수 없었던 그는 절망에 빠지고 말았습니다. 아무 것도 할 수 없다고 생각했습니다. 그때 그의 아내가 말했습니다.

"여보, 당신은 여전히 저의 사랑하는 남편입니다. 저의 사랑은 조금도 변함이 없어요."

자신은 쓸모없는 인간이라고 생각하던 크리스토퍼 리브에게 눈물겨운

아내의 사랑 고백은 큰 격려와 희망이 되었습니다. 이후 그는 변하기 시작했습니다. 좌절에서 일어나 재활 훈련에 최선을 다하여 자신의 심한 장애에도 불구하고 오히려 다른 장애우들의 아픔을 이해하고 그들을 위해 봉사하는 사람으로 바뀌었습니다.

그렇습니다. 변화는 격려를 받을 때 일어납니다. 깊은 사랑과 애정을 갖고 격려하기 시작할 때 사람은 새로운 가능성을 발견하고 좌절의 자리에서 일어나 꿈을 꾸기 시작합니다.

하지만 문제는 우리 아이들이 가정에서 충분히 격려 받으며 자라지 못하고 있다는 것입니다. 기를 살려 준다고 무분별하게 아이의 뜻대로 하게 내버려두는 부모들은 많지만 아이들을 제대로 격려해 주는 부모는 찾아보기 힘듭니다. 그래서 아이들은 자신을 보잘 것 없는 인생이라고 생각합니다. 어려움 앞에서 '난 끝장난 인생이야'라고 쉽게 절망하고 맙니다.

그러기에 자녀에게 좋은 영향력을 끼치는 부모가 되려고 한다면 무엇보다 자녀를 잘 격려하는 부모가 되어야 합니다.

그렇다면 자녀를 어떻게 격려해야 할까요? "넌 이 모양이니 안 된다"는 말보다 "이렇게 하면 넌 할 수 있다"는 말을 해 주어야 합니다. 잠언 31장 25, 26절에는 이런 말씀이 기록되어 있습니다.

"능력과 존귀로 옷을 삼고 후일을 웃으며 입을 열어 지혜를 베풀며 그 혀로 인애의 법을 말하며."

이 말씀을 쉬운 성경으로 번역하면 이렇습니다.

"그녀는 힘 있고 기품이 있다. 그녀는 미래를 계획하며 웃는다. 입을 열어 지혜를 가르치니 그녀의 혀에는 진실한 가르침이 있다."

무슨 말입니까? 어려운 자녀의 현재 상황보다 하나님이 인도하실 축복된 미래를 바라보기에 하나님의 지혜로 가르치며 웃을 수 있다는 말입니다. 그러니 이런 부모 밑에서 자란 아이들이 부모에게 긍정적인 격려의 말을 들으며 자라겠습니까? 아니면 부정적인 비난의 말을 들으며 자라겠습니까?

얼마나 많은 부모들이 자녀의 현재의 모습 때문에 '넌 이래서 안 돼'라는 말을 많이 하는지 모릅니다. 격려하는 말을 사용하기 보다는 비난의 언어를 쏟아냅니다. 그래서 아이들은 자신감을 상실한 채 세상에서 표류하며 살아가고 있는 것입니다.

그렇다면 부모인 우리가 어떻게 자녀를 격려하는 리더십을 가질 수 있을까요? 하나님을 경외해야 합니다. 잠언 31장 30절은 자녀를 격려하는 현숙한 여인의 특징을 말해 주고 있습니다.

"고운 것도 거짓되고 아름다운 것도 헛되나 오직 여호와를 경외하는 여자는 칭찬을 받을 것이라."

여호와를 경외하는 여인. 그런 어머니로 살아갈 때 우리 자녀들을 격려하고 남편을 세우며 축복된 가정으로 만들어 갈 수 있습니다.

그런데 문제는 많은 부모들이 입술로는 하나님을 경외할지 몰라도 실제적으로 그렇지 않다는 것입니다. 자녀들의 신앙 성숙을 위하여 자신이 영향력을 끼칠 수 있는 영성이 있는가, 하나님을 섬기고 있는가는 별로 생각하지 않고 그저 세속적인 관점을 갖고 자신의 영성을 훈련하는데 시간을 보내고 있습니다. 자녀를 위해 기도하기보다는 학원 보내는 데만 열중합니다. 자녀를 위해 성경을 읽어주기보다는 선행학습을 하는 데만 열중합니다. 하나님을 경외하면서 본이 되기보다는 아무렇지도 않게 세속적인 삶을 살아갑니다. 그러니 힘들고 어려운 상황 속에서 자녀를 격려할 수 있는 현숙한 부모가 될 수 있겠습니까?

그러기에 어릴 적부터 세상적인 기대를 갖고 자녀를 학원에 보내놓고 나서 성적이 따라주지 않는다고 비난하기보다는 속히 자신의 모습을 돌아보며 하나님을 경외하는 마음으로 자녀의 가능성을 바라보며 자녀를 격려하는 사람이 되게 해 달라고 기도해야 합니다.

1882년 19개월 된 사랑스런 여자아이가 질병으로 시력을 잃었습니다.

말씀의 거울

"그러므로 피차 권면하고 피차 덕을 세우기를 너희가 하는 것 같이 하라"(살전5:11).

인생의 암흑 속에서 아이는 자랄수록 거칠어졌고 다루기 어려워져서 누구도 아이가 무엇인가를 해낼 수 있다고 믿지 않았습니다.

하지만 한 교사는 아이에게 잠재된 하나님의 아름다운 형상과 가능성을 보기 시작했습니다. 교사는 자신도 시력이 좋은 편이 아니라 눈이 거의 보이지 않았지만 아이에게 읽는 법과 쓰는 법을 가르쳐 의사소통을 할 수 있도록 격려하기 시작했습니다. 결국 아이는 레드클리프 대학에 입학해 불어와 그리스어를 공부하고 점자 키가 있는 타자기로 보고서와 숙제를 작성할 수 있게 되었고, 21세가 되었을 때 자신의 인생 실화를 출간해 세계적으로 유명세를 타게 되었습니다.

이 아이가 누구입니까? 바로 헬렌 켈러입니다. 어떻게 이런 일이 가능했습니까? 그것은 아무도 헬렌의 가능성을 믿지 않고 포기하고 있을 때 그녀를 격려하여 용기와 희망을 준 설리반이라는 교사가 있었기 때문입니다. 설리반으로 인해, 평생 암흑과 침묵의 세계에서 살 뻔했던 헬렌이 자신은 물론 다른 사람들을 꿈과 희망의 세계로 인도하는 빛의 천사가 될 수 있었던 것입니다.

그렇다면 지금 힘들어하는 우리 아이들, 아니 가능성이 없다고 주변에서 낙인찍힌 아이들이라 할지라도 부모인 우리가 설리반처럼 아이들을 격려할 수만 있다면 그들도 어두운 세상에 꿈과 희망을 주는 빛의 천사들이 되지 않을까요?

예배드리는 자녀가 성공한다

자녀를 위한 기도문

"비난과 책망으로 자녀를

의기소침하게 하기보다는

격려를 통해

자녀를 양육할 수 있는 지혜를 주소서.

나의 격려를 통해 하나님께서

자녀에게 주신 달란트가

완전히 발현되게 하소서.

예수님의 이름으로 기도합니다. 아멘."

02

진실로 하나님을 경외한다면
자녀를 칭찬할 수 있다

자기 자신을 신뢰할 수 있으면 모든 것에 자신이 생긴다. – 라 리슈코프

베스트셀러 가운데 「칭찬은 고래도 춤추게 한다」는 책이 있습니다. 세계적인 경영컨설턴트로 활발히 활동하고 있으며 베스트셀러 작가이기도 한 켄 블랜차드가 쓴 책으로 플로리다에 있는 씨 월드라는 해양관에서 거대한 몸통의 범고래를 조련하는 범고래 훈련법을 통해 성공적인 인생에 칭찬이 얼마나 중요한가를 잘 소개하고 있습니다.

성공적인 인간관계를 위해 즉각적으로 칭찬하고, 실수했을 때는 질책하는 대신 관심을 다른 곳으로 돌리며, 계속해서 격려하는 것이 더 중요하다

고 합니다. 이것은 자녀 양육에 있어서도 마찬가지입니다. 자녀가 인생의 목적을 깨닫고 하나님의 자녀로서 세상을 향해 자신감을 갖고 나가게 하기 위해서는 무엇보다 칭찬을 잘하는 부모가 되어야 합니다.

그러나 한국의 부모들은 칭찬에 인색합니다. 칭찬을 어떻게 해야 하는지도 모릅니다. 자녀의 장점과 재능을 효과적으로 인정해 주지 못할 뿐 아니라 실수했을 때에도 격려하기보다는 야단을 치기가 일쑤입니다. 그래서 우리 자녀들은 자신의 가능성을 발견해 자신감 있게 인생을 살아가기 보다는 부정적인 정체성을 갖고 낮은 자존감과 열등감 속에 다른 친구들과 비교 당하며 초라하게 살아가는 경우가 많습니다.

왜 이렇게 되었을까요? 부모 자신이 권위적이고 가부장적인 분위기 속에서 자라 칭찬하는 습관을 갖지 못한 이유도 있겠지만 그것보다 '칭찬을 하면 아이들이 교만해 지거나 버릇이 나빠질 것'이라는 생각 때문입니다.

하지만 이것은 성경적인 생각이 아니라 유교적인 사상입니다. 오히려 성경은 "서로 돌아보아 사랑과 선행을 격려하며"(히10:24)라고 말씀해 주고 있습니다. 자녀를 잘 양육하기 원하는 부모나, 학생들을 훌륭하게 키우기 원하는 교사라면 칭찬에 인색하지 말아야 하며 무엇보다 효과적으로 칭찬하는 법을 배워야 합니다.

그렇다면 어떻게 칭찬을 잘하는 부모나 교사가 될 수 있을까요? 하나님의 시각으로 아이들을 바라볼 수 있도록 훈련해야 합니다. 어떤 부모님들은

"아이가 칭찬할 게 있어야 칭찬을 하든지 말든지 할 것 아닙니까? 하는 일마다 사고뭉치인데 어떻게 칭찬을 할 수 있습니까?"라고 말합니다.

정말 그 자녀가 칭찬할 만한 일이 전혀 없었던 것일까요? 아닙니다. 문제는 그 아이가 아니라 자녀를 바라보는 부모의 시각이 잘못된 것입니다. 완벽주의 스타일과 시각을 가진 부모라서 아이의 장점과 재능, 노력이 보이지 않는 것입니다. 이런 부모들은 늘 이렇게 말합니다.

"넌 애가 왜 그 모양이니? 도대체 누굴 닮아서."

혹시 가정이나 학교에서 아이들에게 이런 말을 사용하고 계십니까?

그렇다면 기억하십시오. 토마스 에디슨의 아버지는 자신의 아들을 저능아라고 믿고 포기했으며 그를 처음으로 가르쳤던 교사 역시 그를 구제 못할 열등생으로 판정했습니다.

아인쉬타인도 마찬가지였습니다. 그는 수학을 제외한 고등학교 전 과목에서 성적이 형편없이 나빴습니다. 그래서 그를 가르쳤던 교사는 "아인쉬타인, 너는 결코 아무 것도 될 수 없을 거야"라고 말하면서 자퇴를 권고할 정도였습니다.

그러나 하나님의 시각을 갖고 자녀의 엉뚱한 생각을 칭찬하며 자녀의 노력을 격려해 주는 어머니가 있었던 토마스 에디슨과 아인쉬타인은 칭찬과 격려로 인해 인류에게 큰 유익을 끼치는 형통한 사람이 될 수 있었습니다.

칭찬하는 어른이 되고 싶다면 먼저 세상의 기준과 판단력이 아닌 하나님의 마음과 시각을 갖고 아이들을 바라볼 수 있도록 자신을 훈련시켜야 할 것입니다.

두 번째로 효과적인 칭찬을 배워야 합니다. 입바른 칭찬은 아이들의 마음에 감동을 주지 못하고 잘못된 칭찬은 아이들을 버릇없는 아이로 만들어 버립니다. '칭찬이 중요하다는 것'이 알려지면서 많은 부모들이 칭찬을 하고 있지만 칭찬의 효과가 나타나지 않고 오히려 부작용이 일어나는 것은 부모가 효과적인 칭찬을 배우지 못했기 때문입니다.

그렇다면 어떤 것이 효과적인 칭찬일까요? 첫째로 구체적인 칭찬입니다. 무조건 '잘했다'고 말하는 것보다 '이런 면이 좋았다'고 말해 주는 것이 효과적입니다. 둘째로 간결하게 해야 합니다. 너무 긴 칭찬은 오히려 진심이 잘 전해지지 않습니다. 셋째로 결과보다는 과정을 칭찬해야 합니다. 결과를 칭찬하면 오히려 자신감을 갖기보다는 부담감을 더 많이 갖기 때문입니다. 넷째로 공개적으로 칭찬해야 합니다. 다른 사람 앞에서 하는 칭찬만큼 효과적인 것은 없습니다. 다섯 번째로 잘한 것에 습관적인 보상을 해선 안 됩니다. 칭찬에 대한 습관적인 보상은 잘못된 동기를 갖게 하기 때문입니다.

이와 같이 효과적인 칭찬은 쉬운 일이 아닙니다. 배워야 합니다. 하지만

말씀의 거울

"도가니로 은을, 풀무로 금을, 칭찬으로 사람을 시련하느니라"(잠 27:21).

많은 부모들은 배우거나 훈련은 하지 않고 '칭찬을 하고 싶은데 잘 안 된다'고 하소연을 합니다. 마음속에서는 긍정적인 시각에서 칭찬을 하고 싶은데 표현되는 것은 부정적인 언어를 사용하게 된다는 것입니다. 그러나 안 되는 것이 아니라 칭찬을 잘하는 부모가 되기 위해 배우고 훈련하지 않은 결과입니다. 칭찬을 잘하는 부모가 되기 위해서는 무엇보다 이런 원리가 몸에 잘 익도록 평소에 습관화 시켜야 합니다.

칭찬 한마디에 인생이 바뀐 사람 중에 시인이며 소설가로 잘 알려진 월터 스코트(Walter Scott)라는 사람이 있습니다. 그는 어렸을 때 매우 내성적인 성격의 소유자였습니다. 게다가 학업성적은 말이 아니었습니다. 그러던 어느 날 월터는 유명한 시인들의 전시회에 참석할 기회가 있었습니다. 그 모임에는 스코틀랜드의 유명 시인 로버트 번즈도 참석했습니다.

전시회에서 작품을 감상하던 번즈가 갑자기 한 작품을 가리키며 사람들에게 물었습니다.

"이 시의 저자가 누구인지 아십니까? 아주 훌륭한 작품이군요."

하지만 아무도 대답하는 사람이 없었습니다. 그러나 바로 그때였습니다. 내성적이며 볼 품 없었던 월터가 작가의 이름을 말하며 시를 잠시 암송했습니다. 그러자 번즈는 월터의 머리를 쓰다듬으며 이렇게 칭찬을 해 주었습니다.

"얘야, 너는 위대한 시인이 될거야."

그 후 월터에게는 꿈이 하나 생겼습니다. 그것은 문학을 사랑하는 위대한 시인이 되는 것이었습니다. 그리고 마침내 그의 꿈은 실현되었고 지금은 우리에게 유명한 문학가로 남아 있습니다.

사랑하는 여러분, 칭찬은 우리의 자녀를 형통케 합니다. 그러기에 자녀의 내일을 위해, 잘못을 지적하는 데 발 빠르기보다는 숨겨진 재능과 장점을 찾아 칭찬해 주어야 합니다. 인간 실수 탐지기처럼 자녀의 행동에서 부족한 모습만 지적하는 것을 버리고 칭찬을 잘하는 부모가 되어야 합니다. 그렇게 될 때 우리 자녀들은 꿈과 희망을 품고 자신의 재능과 장점을 살려 형통한 인생을 살아가게 될 것입니다.

자녀를 위한 기도문

"자녀를 칭찬하는 데에

인색하지 않은 부모가 되게 하소서.

자녀의 장점을 발견할 수 있는

주님의 눈을 주셔서

작은 일까지도 칭찬으로 격려할 수 있게 하소서.

칭찬을 통해 긍정적인 모습으로

성장하는 자녀가 되게 하소서.

예수님의 이름으로 기도합니다. 아멘."

인생의 목적을 자녀대신
하나님으로 설정하라

신은 어딘가 하늘 아래 그대만이 할 수 있는 일을 마련해 놓았다. — 호러스 부쉬엘

자녀를 일류대학에 보내면 성공했다고 말합니다.
일류대학을 가면 부와 명예를 얻을 수 있는 기반을 마련
했다고 생각하기 때문입니다. 그래서 부모들은 할 수만
있으면 외고를 비롯해 특목고에 보내서 자녀들이 일류대학에 입학해 성공
적인 인생을 살아가도록 하려고 노력합니다.

하지만 성공은 그런 것이 아닙니다. 오히려 부모의 그런 노력은 자녀에
게 성공에 대한 왜곡된 생각을 심어 주고 성공적인 인생을 살아가는 데 방
해만 줄 뿐입니다. 최근 특목고 학생들의 자살은 그런 부모들의 생각이 얼

마나 빗나간 것인가를 잘 보여 주고 있습니다.

한편 크리스천 중에는 성공에 대한 부정적인 견해를 갖고 있는 사람들이 적지 않습니다. 어떻게 보면 굉장히 건전한 생각 같지만 그렇지 않습니다. 그런 사람들 역시 성공이 곧 세속적인 출세라고 생각하기 때문에 거부감을 갖고 있는 것입니다.

성공은 출세가 아닙니다. 성공이란 하나님이 주신 인생의 목적을 이루는 것입니다. 세속적인 성공을 추구하는 것과 마찬가지로 성공에 대한 거부감을 갖는 것도 그리스도인다운 자세라고는 할 수 없습니다. 오히려 그리스도인들은 성경적인 성공관을 갖고 자신은 물론 자녀들이 성공적인 인생을 살아가도록 도와줘야 합니다.

그렇다면 우리가 어떻게 자녀를 성공시키는 부모가 될 수 있을까요? 무엇보다 하나님의 도우심을 구해야 합니다. 시편 127편 1절이 이렇게 말하고 있지 않습니까?

"여호와께서 집을 세우지 아니하시면 세우는 자의 수고가 헛되며 여호와께서 성을 지키지 아니하시면 파숫군의 경성함이 허사로다."

그렇습니다. 자녀 양육의 키는 우리가 갖고 있는 것이 아니라 하나님이 갖고 계십니다. 자녀를 양육하는 현장에 하나님이 함께 하실 때 자녀들이 성공적인 인생을 살 수 있는 것입니다.

예배드리는 자녀가 성공한다

대표적인 사람이 바로 요셉입니다. 요셉은 하나님이 함께 하시므로 성공한 사람이었습니다. 창세기 39장 2, 3절은 말씀하고 있습니다.

"여호와께서 요셉과 함께 하시므로 그가 형통한 자가 되어 그 주인 애굽 사람의 집에 있으니 그 주인이 여호와께서 그와 함께 하심을 보며 또 여호와께서 그의 범사에 형통케 하심을 보았더라."

여기서 '형통'이란 단어를 영어성경에서는 'success', 즉 성공이란 단어로 번역하고 있습니다. 무슨 말입니까? 하나님이 요셉을 성공하게 하셨다는 뜻입니다. 자녀를 성공시키고 싶다면 부모가 먼저 하나님의 도우심을 구하기 위해 무릎을 꿇고 나아가야 합니다.

두 번째로 자녀가 하나님의 뜻을 발견하도록 양육해야 합니다. 성공이란 세속적인 출세가 아니라 자녀들이 자신을 향한 하나님의 뜻과 목적을 발견하고 그것을 이루어가는 것이기 때문입니다. 그러기에 영어와 수학성적보다 먼저 하나님이 주신 인생의 목적을 발견할 수 있도록 도와주어야 합니

말씀의 거울

"저는 시냇가에 심은 나무가 시절을 좇아 과실을 맺으며 그 잎사귀가 마르지 아니함 같으니 그 행사가 다 형통하리로다"(시1:3).

다. 우리 자녀들이 하나님이 주신 인생의 목적을 발견하면 아무리 큰 고난과 어려움이 찾아온다 할지라도 성공적인 인생을 살 수 있기 때문입니다.

다니엘이 바로 그런 사람이었습니다. 그는 포로로 잡혀가 자신과 몇몇 친구들만 출세할 수 있는 상황 속에서도 하나님의 뜻을 발견하고 그 뜻을 위해 살기 시작했습니다. 그 결과 다니엘은 하나님이 살아계심을 증거했고 하나님께서 그를 성공케 하시는 것을 경험했습니다. 자녀들을 성공시키고 싶다면 하나님께서 자녀에게 주신 인생의 목적을 깨달을 수 있도록 양육해야 합니다.

세 번째로 자녀에게 좋은 습관을 갖게 해야 합니다. 다니엘이 하나님의 뜻을 이루며 살 수 있었던 비결은 바로 습관에 있습니다. 성경은 그런 다니엘의 모습을 잘 그려주고 있습니다. 다니엘서 6장 10절을 보세요. 뭐라고 기록하고 있습니까?

"다니엘이 이 조서에 어인이 찍힌 것을 알고도 자기 집에 돌아가서는 그 방의 예루살렘으로 향하여 열린 창에서 전에 행하던 대로 하루 세 번씩 무릎을 꿇고 기도하며 그 하나님께 감사하였더라."

여기에서 다른 단어도 중요하지만 특히 주목해야 할 단어가 있습니다. 그것은 '전에 하던 대로 기도했다'는 말입니다. 무슨 말입니까? 다니엘은 좋은 습관을 갖고 있었다는 것입니다. 그래서 다니엘은 생명을 잃을 수 있는 사자 굴에서도 당황하지 않고 하나님의 뜻을 이루며 성공적으로 살 수 있었습니다.

자녀를 성공시키고 싶다면 자녀에게 좋은 습관이 밸 수 있도록 양육하는 데 심혈을 기울여야 합니다.

사랑하는 여러분, 대학을 나오고도 일자리가 없어 방황하는 청년들이 많은 시대, 아니 직장에 다니다 일찍 실직을 당해 인생의 전반전에서 더 이상 뛸 수 없는 사람들이 많은 시대에 다니엘서 6장 28절은 시대를 뛰어 넘어 하나님의 뜻을 이루며 성공한 인생을 살았던 다니엘의 성공을 표현하고 있습니다.

"이 다니엘이 다리오 왕의 시대와 바사 사람 고레스 왕의 시대에 형통하였더라."

그렇습니다. 다니엘의 성공, 그것은 하나님이 주신 인생의 목적을 발견하고 그 목적을 위해 하나님의 도우심을 구하며 좋은 습관을 갖고 영적 훈련에 최선을 다했던 다니엘에게 주신 하나님의 은혜였습니다.

그렇다면 우리는 크리스천 부모로서 성공의 의미를 알지 못한 채 실패하며 살기 쉬운 세상에서 어떻게 자녀를 성공시킬 수 있을까요?

하나님이 주신 인생의 목적이 아닌 세속적인 성공의 개념을 집어넣고, 하나님의 도우심이 아니라 자신의 능력만으로 끊임없는 경쟁 속에 지쳐 쓰러지게 하는 것이 성공일까요? 아니오. 하나님이 주신 인생의 목적을 발견하고 그 목적을 위해 좋은 습관을 갖고 하나님의 도우심을 겸손히 구하여 인생을 끝까지 멋있게 달릴 수 있게 하는 것이 자녀를 성공시키는 길입니다.

자녀를 위한 기도문

"모든 인생을 주관하시는 하나님!

세상적인 성공에 눈이 멀기보다는

인생의 성공과 실패가

주께 있음을 인정하며

말씀에 순종하는 부모가 되게 하소서.

저희 자녀가 주님 주신

인생의 비전을 따라

삶의 걸음을 옮기게 하소서.

예수님의 이름으로 기도합니다. 아멘."

현재가 아닌 내일을 기대할 때
계속 기도할 수 있다

백 년을 살 것처럼 일하고 내일 죽을 것처럼 기도하라. - 프랭클린

매년 수능을 비관한 학생들의 충격적인 소식을 듣습니다. 특히 지난 연말 우리는 듣고 싶지 않은 소식을 또 들어야 했습니다. 수능을 비관한 고3 남학생이 한강 투신자살을 한 사건입니다. 고3 남학생은 어머니에게 "수능 못 봐 죄송하다"는 문자 메시지만 남긴 채 싸늘한 시신이 되어 돌아온 것입니다.

이에 대해 한 수험생은 비공개로 이런 글을 남겼습니다.

"TV에서는 쉽다고 떠들어 대고, 못 믿을 배치표만 미리 떠돌고. 올해 수능을 보고 비로소 수험생들의 마음을 이해할 수 있었다. 인터넷과 TV를 켜

기만 하면 절망은 더욱 깊어만 가고 평소에 낙천적이라던 나조차도 눈물을 떨구는 상황인데, 마음이 약한 아이들은 견디기 힘들었을 것이다. 죽으면 안 되는데. 아무리 괴롭고 힘들어도 살아야, 그래야 앞으로 즐거운 일도 있을 텐데."

그렇습니다. 아무리 힘들고 절망스러운 상황이라고 해도 희망을 포기해서는 안 됩니다. 왜냐하면 우리에겐 내일이 있기 때문입니다. 하지만 오늘의 현실 속에서 희망의 눈으로 내일을 바라본다는 것이 쉽지 않습니다. 특히 어려움을 겪고 있는 자녀를 바라보고 있는 상황이라면 더욱 그렇습니다.

그렇다면 어떻게 차갑고 힘든 오늘이라는 현실을 살아가고 있는 우리 자녀들을 바라보면서 희망을 가질 수 있을까요? 그것은 자녀의 내일을 위해 기도하는 부모가 되는 것입니다. 시편 127편 1절은 뭐라고 말씀하고 있습니까?

"여호와께서 집을 세우지 아니하시면 세우는 자의 수고가 헛되며 여호와께서 성을 지키지 아니하시면 파숫군의 경성함이 허사로다."

그렇습니다. 가정 안에 사랑하는 자녀들을 세워 가는 것은 우리가 아니라 여호와 하나님의 은총입니다. 그 은총이 없을 때 자녀를 세우는 부모의 노력은 수포로 돌아갈 수밖에 없습니다. 그러기에 자녀의 내일을 위해 부모가 할 수 있는 최선의 노력이 있다면 그것은 기도하는 부모가 되는 것입니다.

예배 드리는 자녀가 성공한다

그렇다면 자녀의 내일을 위해 우리는 어떻게 기도해야 할까요? 먼저 하나님의 은총을 기다리며 인내하는 자세로 기도해야 합니다.

앞을 예측할 수 없는 상황 속에서 제일 힘든 것이 있다면 그것은 불안과 염려일 것입니다. '이렇게 애를 놔 두어도 되는가?'라는 질문이 항상 머리 속에서 떠나지 않습니다. 그래서 조급하게 되고 하나님의 은총을 기다리기 보다는 자신의 뜻대로 자녀를 성급하게 다루는 경우가 많이 있습니다.

그리고 낮은 자존감 때문에 높은 학업 성취도를 갖고 있음에도 불구하고 등교를 거부하는 아이들이 늘어나고 있습니다. 매년 학교에서의 치열한 경쟁을 견디지 못하고 자퇴를 하는 아이들만도 1만 명을 넘어서고 있습니다. 아이들이 학교에 적응하지 못하고 있는 것입니다.

그러나 더 큰 문제는 학교에 적응하지 못하는 자녀를 대하는 부모의 자세입니다. 대학입학에 늦어진다는 것 때문에 초기에는 자녀의 말에 귀 기울이지 않습니다. 문제가 발생했을 때 하나님께 무릎 꿇고 아뢰지 않습니다. 불안과 초조함 때문에 자녀를 어떻게든 이끌고 가려고 합니다. 하지만 어느

말씀의 거울

"여호와께서 집을 세우지 아니 하시면 세우는 자의 수고가 헛되며 여호와께서 성을 지키지 아니 하시면 파숫군의 경성함이 허사로다"(시127:1).

순간에 더 이상 아이를 끌고 갈 수 없다는 것을 깨닫게 됩니다. 그리고 그때야 비로소 하나님께 매달리는 경우를 많이 경험합니다.

두 번째로 감사할 것이 없을지라도 감사하는 기도를 드려야 합니다. 우리가 잘 아는 하박국은 힘들고 어려운 상황 속에서 이런 고백의 기도를 드리지 않았습니까? 하박국 3장 17, 18절 말씀입니다.

"비록 무화과나무가 무성치 못하며 포도나무에 열매가 없으며 감람나무에 소출이 없으며 밭에 식물이 없으며 우리에 양이 없으며 외양간에 소가 없을지라도 나는 여호와를 인하여 즐거워하며 나의 구원의 하나님을 인하여 기뻐하리로다."

아니, 어떻게 하박국은 이렇게 절망적인 상황 속에서도 희망의 눈으로 내일을 바라볼 수 있었을까요? 그것은 감사할 것이 없을지라도 감사할 줄 아는 기도의 사람이었기 때문입니다. 그는 자신의 현실을 믿음의 눈으로 바라볼 줄 알았습니다. 다시 말해서 세상의 모든 것이 다 사라져도 하나님은 사라지지 않는다는 믿음을 갖고 있었습니다.

그러나 안타까운 것은 요즘 우리 아이들은 하박국이 갖지 못했던 물질을 갖고 있지만 하나님을 바라보는 믿음을 소유하지 못하고 있습니다.

아니 부모들이 예전보다 더 물질적으로는 풍족하게 살게 되었지만 믿음의 부요함을 누리지 못하고 있습니다. 그래서 자녀를 바라보면서 하나님이 주신 축복을 헤아리지 못하고 자녀에게 없는 것을 바라며 걱정과 염려 속에 살고 있습니다. 하나님께 매달려 기도하면서 자녀를 맡기지 못하고 자신이 자녀를 끌어안고 불안과 근심 속에 사는 모습은 자녀의 희망찬 내일을 방해하고 있는 것입니다.

그러기에 오늘 우리는 가정에 주신 하나님의 선물인 자녀를 다시 믿음의 눈으로 바라보아야 합니다. 믿음의 눈으로 자녀에게 주신 하나님의 축복을 바라보며 감사하며 지금의 상황을 인내해야 합니다. 그렇게 할 때 하나님께서 자녀의 내일을 열어 가시지 않겠습니까?

2차 세계대전이 끝난 이후 유대인들은 그들의 중요한 절기인 유월절 행사에 꼭 이 '아니마밈'이라는 노래를 불렀습니다. '나는 믿는다'는 뜻을 가진 아니마밈 노래는 이렇게 부릅니다.

"나는 믿는다. 나의 메시아가 나를 돕기 위하여 반드시 나를 찾아오리라는 사실을 나는 믿는다."

그들은 하박국이 그랬던 것처럼 자신의 동료가 그 끔찍한 아우슈비츠 수용소에서 끌려갈 때마다 이 노래를 부르면서 내일의 희망을 놓지 않았고 합니다.

사랑하는 여러분, 우리가 자녀를 바라볼 때 왜 내일의 희망이 흔들리는 것일까요? 자녀를 학원에 보내지 않았기 때문일까요? 자녀를 위해 최선을 다해 뒷바라지 하지 못했기 때문일까요? 아니오. 자녀를 위해 기도하지 않았기 때문입니다.

하나님이 보내신 자녀의 내일을 위해 하나님께 기도할 줄 모르고 자신의 힘과 노력만으로 희망의 무지개를 붙잡으려 했기 때문입니다. 그러기에 지금부터 자녀를 희망의 정상으로 잘 이끌고 싶다면 자녀를 위해 일하실 하나님의 역사와 은총을 기대하며 인내하셔야 합니다. 자녀에게 주신 하나님의 은총을 바라보며 감사기도를 드려야 합니다. 그렇게 할 때 자녀의 내일이 열릴 것입니다.

자녀를 위한 기도문

"자녀의 미래로 인해 불안해하고

염려하는 마음을

맡길 수 있는 믿음의 담대함을

허락하소서.

그리 아니할지라도 감사할 줄 아는

넉넉한 마음을 허락하소서.

예수님의 이름으로 기도합니다. 아멘."

실패했더라도 다시
자녀의 손을 잡으라

실패는 성공이란 진로를 알려 주는 나침반이다. - 데니스 월트리

아테네 올림픽이 끝나고 사람들에게 잊혀져 갈 때쯤 아테네에서는 또 하나의 올림픽이 열리고 있었습니다. 장애우 올림픽입니다.

여자 10m 공기소총에서 눈물의 은메달을 딴 48세의 허명숙 선수는 은메달이 확정된 순간 눈물을 쏟아냈습니다. 6세 때 소아마비를 앓아 장애우 판정을 받은 허 선수는 구슬 꿰기 부업으로 받는 20만원과 정부 보조금 40만원, 총 60만원의 수입으로 가혹한 현실과 싸우며 선수생활을 해왔기 때문입니다.

그러나 그녀가 눈물을 흘린 것은 돈 때문이 아니라 딸 걱정만 하다 5년 전에 돌아가신 어머니 때문이었습니다.

그렇습니다. 세상의 모든 어머니는 자녀를 위해 애쓰며 살아갑니다. 잘 뒷바라지해서 자녀를 잘 키우기 원합니다. 다시 말해서 자녀 교육에 성공하기를 원하는 것입니다.

하지만 모두가 자녀를 성공적으로 잘 양육하는 것은 아닙니다.

저는 자녀를 성경적인 원리에 따라 하나님이 원하시는 자녀로 성공시키는 자녀 성공 세미나를 수년째 해오고 있습니다. 한번은 세미나를 마쳤을 때 한 어머니가 잊을 수 없는 고백을 했습니다. 세미나를 듣고 난 소감에서 그 어머니는 "애를 하나 낳아 다시 기르고 싶다"는 것이었습니다.

자녀를 사랑하지만 자녀를 성경적인 원리에 따라 양육하지 못하고 도리어 상처와 아픔을 주었던 어머니의 심정과 자녀를 다시 성공적인 인생으로 키우고 싶어 하는 마음이 얼마나 간절한지 느낄 수 있었습니다.

그러나 자녀를 다시 낳아 기른다고 자녀양육에 실패하지 않고 잘 기를 수 있는 것은 아닙니다. 죄인 된 우리가 단 한 번의 실패 없이 인생을 산다는 것은 불가능하기 때문입니다. 다시 말해서 자녀를 양육하면서 누구나 실패와 좌절을 경험할 수밖에 없다는 것입니다.

그렇다면 실패를 경험할 수밖에 없는 우리가 어떻게 자녀를 성공적으로 양육할 수 있을까요? 사람들이 실패를 뛰어넘지 못하는 이유는 간단합니다. 실패할 수 있다는 사실을 인정하지 않기 때문입니다.

성경에서 가장 큰 실패를 경험한 사람 중의 하나는 바로 베드로입니다. 베드로는 자신의 연약함을 알지 못했습니다. 그래서 그는 마가복음 14장 29절에서 이렇게 고백합니다.

"베드로가 여짜오되 다 버릴지라도 나는 그렇지 않겠나이다."

예수님을 부인하지 않을 자신이 있다는 것입니다. 하지만 그는 실패했습니다. 실패할 수 있는 연약한 죄인이라는 사실을 받아들이지 않았기 때문입니다. 우리는 실패할 수 있다는 것을 받아들여야 합니다. 몇 번을 실패하더라도 이상히 여기지 말아야 합니다.

두 번째로 자녀 양육의 실패를 뛰어넘으려면 실패를 통해 교훈을 얻고 일어서야 합니다. 실패가 진짜 실패가 되는 것은 실패를 통해서 교훈을 얻지 못하기 때문입니다. 일어나기를 포기하는 것입니다.

다시 말해서 실패를 통해 교훈을 얻고 일어설 수 있다면 그것은 실패가 아니라 성공적인 자녀 양육의 디딤돌이 되는 것입니다. 그러나 많은 어머니들이 하나님의 말씀대로 양육하다가 실패할 때 좌절합니다. 낙심합니다. 그리고 포기합니다. 하지만 잠언 24장 16절은 말씀합니다.

"대저 의인은 일곱 번 넘어질지라도 다시 일어나려니와 악인은 재앙으로 인하여 엎드러지느니라."

그렇습니다. 의인은 실패하지 않는 사람이 아닙니다. 실패가 올 때마다 교훈을 얻고 일어서는 사람입니다.

세 번째로 실패를 뛰어넘을 수 있는 비결은 실패자를 일으키시는 하나님의 은혜를 경험하는 것입니다. 어떻게 7전 8기의 자녀 양육을 할 수 있을까요? 어떻게 넘어졌을 때 다시 일어설 수 있을까요? 하나님의 은혜를 경험해야 합니다.

하나님께서 은혜를 주시면 다시 시작할 수 있기 때문입니다. 베드로가 그랬습니다. 그는 철저히 실패한 사람이었지만 주님은 그에게 은혜를 베푸셨습니다. 예수님을 부인하고 예전의 생활로 돌아간 베드로를 다시 찾아가 기회를 주셨습니다.

그러기에 자녀 양육에 실패하셨다면 우리를 일으키시는 하나님의 은혜를 소망해야 합니다. 그 은혜가 있을 때 일곱 번 넘어져도 다시 일어설 수 있습니다.

역사에 위대한 발자취를 남겼던 영웅들은 모두 실패했던 사람들이었습니다. 조지 워싱턴 그는 한때 열 번 전쟁터에 나가 일곱 번 실패했던 장군이

말씀의 거울

"대저 의인은 일곱 번 넘어질지라도 다시 일어나려니와 악인은 재앙으로 인하여 엎드러지느니라"(잠24:16).

었습니다. 그러나 그는 미국의 초대 대통령이 되었습니다. 백악관을 기도실로 만든 링컨 역시 수많은 실패를 경험한 사람이었습니다. 하지만 그들은 하나님의 은혜로 실패를 받아들이며 교훈을 얻어 다시 일어선 사람들이었습니다.

성경은 우리의 인생이 실패한 인생으로 끝나기를 원하지 않습니다. 창세기 39장 3절과 다니엘 6장 28절에 보면 하나님이 요셉과 다니엘을 형통케 하신 것을 볼 수 있습니다. 또한 느헤미야 1장 11절에서 하나님 앞에 형통하게 해달라고 기도하는 모습을 볼 수 있습니다.

이 형통이란 단어를 영어 성경에서 찾아보면 'success', 다시 말해서 성공이란 단어를 사용하고 있습니다. 그러나 사람들은 성공이란 말이 성경적이라고 생각하지 않습니다. 성공을 출세와 동일하게 생각하기 때문입니다.

하지만 성경이 말하는 성공은 세속적인 출세를 의미하지 않습니다. 하나님이 주신 목적을 이루며 사는 인생입니다. 성경은 다양하게 성공적인 인생을 살아냈던 사람들을 소개하고 있습니다. 요셉처럼 성공한 인생을 산 사람도 있는가하면 바울처럼 성공한 인생을 산 사람도 있습니다. 그리고 어떤 고난과 어려움 속에 있다 할지라도 하나님의 사람들을 향한 하나님의 계획은 반드시 이뤄집니다. 그러기에 지금 자녀 양육에 실패하셨다면 하나님의 은혜로 교훈을 얻어 다시 시작하시길 바랍니다.

자녀를 위한 기도문

"자녀들이 세상적인 성공을 따라

달려가지 않게 하소서.

하나님이 주신 목적을 따라

진정한 성공을 이루는 자녀 되게 하소서.

자녀 양육의 실패를 통해

저를 향한 하나님의 마음을 알게 하시고

그 은혜에 힘입어

다시 일어나게 하소서

예수님의 이름으로 기도합니다. 아멘."

06

부모가 뿌린 눈물의 씨는
반드시 거둔다

우리의 최대의 영광은 한 번도 실패하지 않는 것이 아니라,
실패할 때마다 일어서는 데 있다. – 공자

한국인의 새로운 영웅으로 하인스 워드가 주목을 받
고 있습니다. 하인스 워드가 미 프로 풋볼리그 챔피언결정
전 수퍼 볼에서 우승 트로피와 함께 최우수 선수로 뽑혔기
때문입니다.

하지만 그가 주목을 받은 것은 우승 때문이 아니라, 그의 승리 뒤에 험난
한 인생의 골짜기에서 눈물의 씨를 뿌리며 자녀를 양육해 온 어머니의 이야
기가 숨겨져 있기 때문이었습니다.

워드의 어머니 김씨는 주한 미군으로 복무했던 흑인 병사와 결혼했지만

남편에게 버림받고 영어 능력과 경제적 능력이 없다는 이유로 법원에서 자녀 양육권까지 박탈당한 아픔을 갖고 있었습니다. 그러나 김씨는 아들과 같이 살며 아들을 잘 키워야겠다는 일념으로 닥치는 대로 허드렛일을 맡아 하며 돈을 모아 시부모를 설득했습니다.

김씨의 고생은 이루 말할 수 없을 정도였습니다. 하루 16시간씩 접시 닦기, 호텔 청소, 잡화점 계산대 일 등 가리지 않고 뛰어야 했습니다. 더 큰 아픔은 그토록 사랑하는 아들 워드가 피부색이 다른 어머니를 받아들이지 않고 무시하는 것이었습니다. 그러나 김씨는 이런 인생의 험난한 굴곡을 지나며 이렇게 생각했다고 합니다.

"섭섭하기도 했고, 화가 나기도 했습니다. 하지만 언젠가는 아들이 내 사랑을 이해해 줄 것이라고 믿었습니다."

그렇습니다. 인생에는 누구나 굴곡이 있습니다. 희망의 언덕을 오르는가 싶다가도 절망의 낭떠러지로 처박히는 것이 인생입니다. 그러니 부모님들이야 자녀를 키우면서 얼마나 많은 인생의 굴곡을 경험했겠습니까?

현재 자녀 때문에 어려움을 겪고 있는 분들도 행복했던 경험이 있는가 하면, 자녀의 형통으로 행복에 겨워 어쩔 줄 몰라 하는 사람도 마음에 쓰라린 과거의 기억이 있을 수 있습니다. 누군들 인생의 굴곡이 없겠습니까? 인생의 어려움은 누구에게나 찾아오는 것입니다.

그러기에 자녀를 양육하면서 부모들이 가져야 할 태도는 자녀를 키우며 문제가 없기를 바라기보다는 문제를 만났을 때, 어려움을 견디면 희망의 시간이 다가올 것이라는 믿음을 가지고 눈물의 씨를 뿌릴 줄 알아야 한다는 것입니다.

어떻게 하면 굴곡 많은 인생 속에서도 포기하지 않고 자녀를 위해 눈물의 씨를 뿌릴 수 있을까요? 하나님께서 주셨던 과거의 축복을 기억해야 합니다. 시편 126편 1, 2절의 말씀입니다.

"여호와께서 시온의 포로를 돌리실 때에 우리가 꿈꾸는 것 같았도다 그때에 우리 입에는 웃음이 가득하고 우리 혀에는 찬양이 찼었도다 열방 중에서 말하기를 여호와께서 저희를 위하여 대사를 행하셨다 하였도다."

무슨 말이에요? 그때의 일을 기억하라는 것입니다. 과거에 하나님이 주셨던 기쁨의 순간을 생각하라는 말입니다.

그렇습니다. 지금의 현실이 아무리 힘들고 어려워도 어릴 적 아이를 바라보며 누렸던 과거의 축복을 생각하면 다시 힘을 낼 수 있습니다. 눈물이 나도 희망을 갖고 씨를 뿌릴 수 있습니다.

두 번째로 자녀를 위해 눈물의 씨를 뿌리기 위해서는 하나님이 부어 주실 미래의 축복을 바라보는 것입니다. 시편 기자는 126편 4절에서 이렇게 기도합니다.

"여호와여 우리의 포로를 남방 시내들같이 돌리소서."

'남방 시내'가 뭡니까? 이 말씀을 보다 잘 이해하기 위해서는 이스라엘의

예배드리는 자녀가 성공한다

배경을 이해해야 합니다. 여기서 '남방'이란 단어는 '네게브'라는 단어로 우리말로 하면 '광야'입니다. 사람이 살지 않는 광야, 사막 기후를 가진 아주 거친 광야입니다.

그런데 이런 네게브의 시내는 특징이 있습니다. 건기에는 나무도 없고 풀도 별로 없으니까 바짝 말라 버립니다. 그러다가도 비가 내리면 하룻밤 사이에 그 시내가 강이 되어 버리는 것입니다.

무슨 말입니까? 지금은 고난 때문에 메마른 땅처럼 갈라졌을지라도 하나님의 은총으로 예측하지 못한 축복의 시내가 흐르게 해 달라고 기도하는 것입니다.

그렇습니다. 언제인지 정확히 알 수는 없지만 분명한 것은 현재의 어려움 속에서도 눈물로 씨를 뿌리는 가정은 반드시 하나님의 축복이 임한다는 말입니다. 지금은 메마른 것 같고, 가망이 없어 보이지만 그 메마른 땅바닥에 강을 만드시는 하나님께서 우리의 고난을 축복으로 바꾸실 것이라는 말입니다. 그러기에 자녀를 키우면서 아무리 어려운 곤경에 처했을지라도 좌

말씀의 거울

"눈물을 흘리며 씨를 뿌리는 자는 기쁨으로 거두리로다 울며 씨를 뿌리러 나가는 자는 정녕 기쁨으로 그 단을 가지고 돌아오리로다"(시126:5-6).

절해서는 안 됩니다. 미래에 다가올 하나님의 축복을 바라보며 눈물의 씨를 뿌려야 합니다.

세 번째로 낙심하지 않고 자녀를 위해 눈물의 씨를 뿌리기 위해서는 눈물 흘린 만큼 기쁨이 된다는 사실을 믿어야 합니다. 더 이상 참을 수 없어 눈물을 흘릴 때마다 '이것이 기쁨의 수확이 될 거야'라는 믿음을 가지고 씨를 뿌려야 합니다. 시편 기자는 그랬습니다. 그래서 그는 모두가 포기하고 싶은 힘든 상황 속에서 126편 5, 6절과 같이 고백할 수 있었던 것입니다.

"눈물을 흘리며 씨를 뿌리는 자는 기쁨으로 거두리로다 울며 씨를 뿌리러 나가는 자는 정녕 기쁨으로 그 단을 가지고 돌아오리로다."

씨앗은 열매를 맺습니다. 그러기에 농부들은 씨앗을 중요하게 여깁니다. 씨감자, 씨옥수수 이런 것은 아무리 사랑스러운 손자라도 주지 않습니다. 당장 주지 못하는 가슴 아픈 일이 있을지라도 눈물을 흘리며 씨를 뿌린다면 상상할 수 없는 추수의 기쁨을 자녀에게 줄 수 있기 때문입니다.

"어머니의 눈물이 영웅을 키웠다" 어떻게 눈물이 영웅을 키웠습니까? 남편에게 버림받은 상황 속에서도, 하루 16시간 일하지 않으면 생활할 수 없는 절박한 현실 속에서도, 아니 아들 워드가 자신의 사랑을 이해하지 못하고 반항하며 무시하는 눈물나는 현실 속에서도 눈물을 흘리며 씨를 뿌리는 자는 기쁨으로 단을 거둔다는 사실을 믿었기 때문입니다.

그러기에 눈물은 희생이요, 헌신입니다. 아니 눈물은 결코 포기할 수 없는 자녀를 향한 어머니의 사랑이요 미래를 향한 믿음입니다.

그러기에 울어야 합니다. 눈물의 씨앗을 뿌려야 합니다. 지금 자녀가 형통하고 있느냐 어려움을 겪고 있느냐에 흔들리거나 들뜨지 말고 울어야 합니다. 그렇게 자녀를 위해 울며 씨를 뿌리는 부모가 있을 때 자녀의 미래를 하나님께서 열어 주시기 때문입니다.

자녀를 위한 기도문

"세상적인 성공과 실패에

일희일비하는 부모가 되지 않게 하소서.

자녀의 영혼을 위해

눈물로 씨를 뿌리는 부모가 되게 하소서.

그 눈물의 씨앗이

열매 맺는 것을 볼 수 있도록 축복하소서.

예수님의 이름으로 기도합니다. 아멘."

07

쉼을 통해 건강한 사랑을 충전하라

제 갈 길을 아는 사람에게 세상은 길을 비켜 준다. – 찰스 킹슬리

두 나무꾼이 나무를 하고 있었습니다. 한 나무꾼은 쉬지 않고 일했고 다른 나무꾼은 일을 하다 말고 쉬는 것이었습니다. 그런데 이상한 것은 일이 다 끝나고 보니 쉬면서 일한 나무꾼의 장작더미가 훨씬 더 많았습니다.

그래서 쉬지 않고 일한 나무꾼이 물었습니다.

"자넨 어떻게 쉬지 않고 일한 나보다 더 많은 나무를 갖고 있는 거지?"

쉬면서 일한 나무꾼이 대답했습니다.

"나는 쉬면서 도끼날을 갈았거든."

그렇습니다. 사람에게 쉼이란 이렇게 중요한 것입니다. 하루 종일 일만 하는 것보다 적절한 쉼을 통해 에너지를 충전하면서 일하는 것이 훨씬 더 능률이 있습니다. 쉼을 잘 갖는 사람이 좋은 인재가 될 수 있다는 말입니다.

사람은 무엇을 하든지 쉬는 시간을 갖습니다. 수업시간에도 쉬는 시간이 있고 운동을 해도 쉬는 시간이 있습니다. 또 쉼표 없는 악보를 상상할 수 없습니다. 그만큼 쉼이 사람에게 없어서는 안 될 만큼 중요한 것이기 때문입니다.

그러나 현대를 살아가는 사람들은 쉬지 못하고 있습니다. 더 편리한 문명 속에 살고 있지만 더 바빠졌을 뿐 쉬지 못합니다. 보다 나은 생활을 위해 바쁘게 움직이고 있는데 오히려 예전보다 쉼을 누리지 못하는 것입니다. 아니 쉰다는 것의 의미를 잃어 버렸습니다.

아이들도 마찬가지입니다. 컴퓨터에 하루 종일 빠져 놀지만 쉼을 누리지는 못합니다. 방학 중에 게으름을 피우면서 시간을 보내지만 제대로 쉬지 못하고 늘 피곤해 합니다. 쉰다는 것을 그저 아무 것도 안 하거나 자신이 하고 싶은 게임과 놀이를 하는 것이라고 생각하기 때문입니다.

쉼을 잃어버린 아이들에게 쉼을 찾아 주어야 합니다. 제대로 공부하여 능력 있는 인재가 되게 하기 위해서 제대로 쉴 줄 아는 방법을 가르쳐야 합니다.

어떻게 자녀들에게 쉼을 찾아 줄 수 있을까요? 먼저 참된 쉼이 아닌 것은 버리도록 해야 합니다. 많은 사람들이 쉼을 그냥 노는 것으로 생각합니다.

물론 노는 것을 통해 쉼을 얻을 수도 있지만 잘못 놀면 더 피곤합니다. 자녀들과 놀이공원에서 실컷 놀고 왔는데 몸은 물론 마음까지 피곤한 적은 없습니까? 참된 쉼이 아닌 것에 시간을 쏟았기 때문입니다.

또 사람들은 시간이 부족하기 때문에 쉬지 못했다고 생각합니다. 더 많이 잠을 자지 못해 피곤하다고 생각합니다. 정말 쉬는 날이 적기 때문에 그럴까요? 아닙니다.

주 5일제가 시행되는 회사에 다니는 사람들을 만나 보면 여전히 피곤해합니다. 아이들도 학교에 안 가는 날은 더 피곤해 합니다. 왜 그럴까요? 쉼을 위해 주어진 시간에 참된 쉼이 아닌 것을 버리지 못하기 때문입니다. 다시 말해서 아무 일도 안 하는 것이 쉬는 것이라고 생각하거나 몸과 마음이 쉴 수 없는 것에 집착했기 때문입니다.

복음서에 보면 바리새인들이 그랬습니다. 그들은 안식일에 아무것도 하지 않기 위해 규칙을 만들고 철저히 지켰습니다. 그렇게 하면 안식을 가져다 줄 것이라고 생각했습니다. 하지만 안식일의 정신을 잃어버린 채 참된

말씀의 거울

"수고하고 무거운 짐진 자들아 다 내게로 오라 내가 너희를 쉬게 하리라"(마11:28).

쉼이 아닌 것에 집착하는 그들의 마음에 쉼은 찾아오지 않았습니다. 오히려 자신들이 만든 규칙에 얽매여 더 피곤한 인생을 살았습니다. 왜 그런 것입니까? 쉼에 대한 잘못된 생각을 갖고 있었기 때문입니다.

그러기에 자녀가 쉼을 통해 성장하는 인재가 되게 하려면 먼저 참된 쉼이 아닌 것을 가르치고 그것을 버리도록 지도해야 합니다.

두 번째로 자녀가 쉼을 되찾아 성장하길 원한다면 적극적으로 참된 쉼이 무엇인지 가르쳐야 합니다. 참된 쉼이 아닌 것을 버린다고 저절로 쉼이 오는 것은 아닙니다. 참된 쉼의 의미가 무엇인지 알아야 한다는 말입니다.

그렇다면 참된 쉼의 의미는 무엇일까요? 안식일을 제정하신 예수님의 의도를 통해 알 수 있습니다. 예수님이 안식일을 지키라고 하신 것은 안식일을 지키는 것을 또 하나의 고단한 일로 만들라는 것이 아니라 사람을 위해 명령하신 것입니다. 다시 말하면 안식일은 사람을 위해 만든 것이라는 말입니다.

참된 쉼은 오랜 시간동안 철저히 아무 것도 안 하는 것이 아니라 사람을 위해 보내는 것입니다. 사람에게 유익하지 않은 게임과 놀이를 즐기는 것이 아니라 사람의 마음과 영혼에 평안과 기쁨을 주는 시간을 보내라는 것입니다.

하지만 빠르게 변하는 세상 속에서 사람들은 여전히 진정한 쉼의 의미를 찾지 못한 채 바쁘게 달려가고 있습니다.

불란서의 철학가이자 에세이 작가인 삐에로 쌍소는 「느리게 산다는 것의 의미」라는 책에서 '떠오르는 아침 햇살에 감동할 수 있도록 느리게 살아야 한다'고 느림의 미학을 전개하기도 했습니다. 그러나 사람들은 여전히 쉬지 못하고 성장하기는커녕 지쳐가고 있습니다. 참된 쉼을 찾기 위해 참된 쉼이 아닌 것을 버리고, 몸부림치는데도 안식을 누리지 못하고 있습니다.

탁월한 저술가 마르바 던이 통찰력 있게 써 내려 간 「안식」이란 저서에서 안식을 지키면 온전함, 질서, 되살아난 상, 힘을 얻는 정서, 건강한 몸, 새롭게 된 마음, 진정한 관계, 성숙한 자의식 등이 생긴다고 하는데 그러한 쉼을 누리지 못하고 있습니다.

쉼에 대한 갈망이 강해질수록 죄로 얼룩져 있는 사람의 마음은 쉼과 평안을 누리지 못하고 죄책감과 불안, 근심과 초조함 속에 빠져 있습니다.

그렇다면 어떻게 참된 쉼을 통해 안식을 얻을 수 있을까요? 참된 쉼을 주시는 예수님을 만나야 합니다. 인간의 지혜나 노력만으로는 온전한 쉼을 누릴 수 없습니다. 인간을 지으시고 참된 쉼을 허락하시는, 안식과 쉼의 주인이신 예수님께 나아가야 합니다.

성경은 마가복음 2장 28절을 통해 말씀하십니다.

"이러므로 인자는 안식일에도 주인이니라."

자녀를 위한 기도문

"언제나 우리와 교제하기를
원하시는 아버지!
바쁘다는 이유로 하나님과 아이들과
대화의 시간을 가지지 못한 것을 용서하소서.
창조의 마지막 날 창조물을 보시고
좋았더라 감상하시며 쉼을
얻으셨던 주님처럼
우리의 지친 삶 역시 하나님의 작품들을 보며
찬양할 수 있는 넉넉한 마음을 주소서.
예수님의 이름으로 기도합니다. 아멘."

엄마의 영향력을
적극적으로 활용하라

따라야 할 모범이 없다면 누구도 변화하지 않는다. - 브루스 라슨

옛날 북서 아메리카의 한 인디언 추장에게 한 백인
이 그와 하룻밤을 보내기 위해 찾아왔습니다. 오두막집에
서 하룻밤을 보냈는데 추장은 다음날 아침에 그 백인을 오
두막집에서 나오게 한 후 물었습니다.

"당신은 지난밤에 이 오두막집을 통과한 사람들이 얼마나 된다고 생각하
십니까?"

백인이 눈길을 자세히 살펴보니 선명하게 한 사람의 발자국이 남아 있었
습니다. 그래서 백인은 추장에게 "한 사람밖에 지나간 흔적이 없군요"라고

대답했습니다.

하지만 추장은 전날 밤 그 오두막집을 수백 명의 인디언들이 지나갔다고 말했습니다. 그리고 추장은 그 이유를 설명해 주었습니다.

"인디언들은 자신들이 어느 방향으로 갔는지 알리고 싶지 않을 때는 추장이 제일 선두에 걷고 나머지 사람들이 일렬로 그를 따라가면서 추장이 밟았던 발자국을 정확히 밟고 지나감으로써 하나의 발자국만 남깁니다. 이와 같은 지혜로 우리의 적들은 우리가 걸어간 길을 발견할 수 없으며 우리를 따라잡을 수 없지요."

그렇습니다. 모범이 중요합니다. 인생에서 무엇을 모범으로 삼고 살아가느냐에 따라 성공과 불행이 나누어지기 때문입니다. 자녀를 성공시키는 엄마가 되길 원한다면 자녀들에게 나쁜 모범을 보이지 말고 좋은 모범을 보여야 합니다.

그렇다면 먼저 아이들의 엄마로서 보이지 말아야 할 나쁜 모범은 어떤 것이 있을까요? 세상을 따라가는 모습입니다. 세상의 가치관과 생활양식을 아무런 여과 없이 그대로 받아들이고 따라가는 것입니다. 이것은 아이들의 엄마로서, 크리스천으로서 절대로 보여 주어서는 안 되는 엄마의 모습입니다.

하지만 현대 부모들이 자녀를 키울 때 가장 쉽게 빠지기 쉬운 것이 바로 세상을 따라가는 것입니다. 자녀를 키우면서 성경적 가치관과 방식대로 키우지 않고 세상이 추구하는 가치관과 방식을 따라 키우는 것입니다.

예를 들면 예배에 빠지고 주일에 놀러가는 것을 대수롭잖게 여긴다든지, 교회 다니면서도 학교의 반 엄마들과 어울려 세상의 즐거움을 추구한다든지 하는 것은 자녀들에게 하나님보다 세상이 더 중요한 가치라는 것을 가르쳐 주는 게 됩니다.

사실 이런 문제는 오늘날만의 문제는 아닙니다. 열왕기서에 보면 잘못된 엄마의 영향으로 하나님을 떠나 세상의 가치관을 그대로 따라간 악한 왕들의 모습을 쉽게 찾아볼 수 있습니다.

그 중에 대표적인 인물이 헵시바의 아들 므낫세입니다. 유다의 멸망에 결정적인 원인을 제공한 므낫세는 왕이 되기 전 12세까지 엄마인 헵시바의 영향을 받으며 자랐습니다. 그 결과 그는 아버지의 좋은 모범을 따라 나라를 통치한 것이 아니라, 이방 사람의 가증한 일을 따라서 하나님을 떠나 온갖 악행과 나쁜 짓을 저지르고 말았습니다. 세상을 따라가는 잘못된 엄마의 모습을 보고 자녀가 돌이킬 수 없는 실패와 멸망의 길로 들어선 것입니다.

말씀의 거울

"이는 네 속에 거짓이 없는 믿음을 생각함이라 이 믿음은 먼저 네 외조모 로이스와 네 어머니 유니게 속에 있더니 네 속에도 있는 줄을 확신하노라"(딤후1:5).

그렇습니다. 성경적인 원리가 아닌 세상의 논리에 따라 자녀를 키우다 보면 일시적으로 성적이 오르고 자녀가 성공을 향해 다가서는 것 같지만 결국은 그렇지가 않습니다. 므낫세처럼 하나님을 떠나 방황하며 자신의 뜻대로 살다 실패와 멸망의 길을 걷게 될 것입니다.

그렇다면 이제 아이들의 엄마로서 보여야 할 좋은 모범은 무엇일까요? 성경의 가치관을 따라 사는 것입니다.

아침에 일어나 밥을 짓기 전 경건의 시간을 갖고 성경의 원리에 따라 자녀들을 양육하는 것입니다. 자녀가 학교에서 돌아오면 TV를 시청하거나 세상의 친구들과 어울리는 모습을 보여 주는 것이 아니라, 따뜻한 사랑으로 맞이하고 함께 성경을 읽는 시간을 갖고 말씀의 소중함을 일깨워 줍니다.

미국의 초대 대통령 조지 워싱턴의 어머니가 그랬습니다. 한번은 그녀의 생일 파티에 참석한 불란서 관원이 다가가 물었습니다.

"어떻게 아들을 이렇게 훌륭히 키우셨습니까?"

그러자 워싱턴의 어머니는

"나는 단지 그에게 하나님의 말씀에 순종하는 것만을 가르쳤을 뿐입니다"라고 대답했다고 합니다.

그렇습니다. 성공적인 양육의 비결은 바로 하나님의 말씀에 순종하는 엄마의 모습을 통해 어릴 적부터 자녀들이 말씀을 따라 사는 법을 익히게 하는 것입니다.

만약 므낫세의 어머니 헵시바가 그랬다면 얼마나 좋았을까요? 남편이 하나님을 위하여 백성들을 다스리고 있을 때 자신의 자녀를 하나님의 말씀으로 키웠다면 얼마나 좋았을까요?

"나의 기쁨이 그녀에게 있다"는 이름에 걸맞게 하나님의 기쁨이 되어 자녀를 성공적으로 양육시켰을 것입니다. 하지만 헵시바는 그런 모습을 보여 주지 못했고 결국 자신의 아들이 역사상 가장 악한 왕으로 남게 하고 말았습니다. 자녀양육에 실패하지 않으려면, 무엇보다 모범을 잘 보여야 합니다.

아프리카 선교의 공헌자인 로버트 모팻은 너무나 가난해 교육 한 번 제대로 받지 못한 채 어려서부터 직장을 다니는 환경 속에서 자랐습니다. 하지만 그의 어머니는 누구보다 성경적인 가치관을 갖고 산 여인이었습니다. 그래서 어릴 적부터 기도와 말씀으로 모팻을 헌신적으로 키웠습니다.

모팻의 어머니의 소원은 세상에서 얼마나 경제적으로 잘 살 수 있는가가 아니었습니다. 오직 모팻의 정신무장이었습니다. 어머니는 모팻에게 "매일 아침 성경을 한 장씩 읽고, 저녁에 또 한 장을 반드시 읽기를 바란다"고 가르쳤습니다.

이렇게 어머니의 가르침에 힘입은 모팻은 1818년 1월 26일 남아프리카 서안에 도착하여 원주민들과 함께 하는 고난 속에서도 선교활동을 시작했고 어려움과 난관에 부딪힐 때마다 찬양을 부르고 성경을 읽으며 고통을 이겨나갈 수 있었던 것입니다. 한 어머니의 아름다운 모범과 가르침이 자녀를 성공적으로 양육시킨 것입니다.

사랑하는 여러분, 자녀를 성공적으로 양육하고 싶습니까? 김구의 「백범 어록」에 이런 말씀이 기록되어 있습니다.

"踏雪野中去(답설야중거) 不須胡亂行(불수호란행) 今日我行跡(금일아행적) 遂作後人程(수작후인정)"

무슨 말입니까?

"눈 덮인 들판을 걸어갈 때 함부로 걷지 말지어다. 오늘 내가 걸어간 발자국은 뒷사람의 이정표가 되리니…."

사랑하는 여러분, 여러분이 걸어온 길은 어떤 발자국을 남기고 있습니까?

자녀를 위한 기도문

"친히 우리의 모델이 되어 주신 예수님!

로이스와 유니게가 있기에

위대한 디모데가 있었던 것처럼

자녀에게 좋은 모델이 되어

귀한 신앙의 유산을 물려 주는

부모가 되게 하소서.

예수님의 이름으로 기도합니다. 아멘."

09

하나님이 주시는
긍정 파워를 갖게 하라

인생을 해롭게 하는 비애를 버리고 명랑한 기질을 간직하라. − W. 세익스피어

"사람들은 감동과 격려를 찾고 있습니다. 그들의 마음을 움직이려면 그들 앞에 놀라운 미래가 있으며 그들이 과거의 짐을 내려놓을 수 있다고 말해 줘야 합니다."

이 말은 뉴욕타임즈 베스트셀러 1위자 아마존닷컴 장기 베스트셀러인 「긍정의 힘」의 저자 조엘 오스틴의 말입니다. 하도 잘 웃어서 '웃는 목사'라는 별명을 가진 조엘 오스틴 목사는 미국에서 영향력 있는 차세대 리더입니다. 그의 영향력이 얼마나 큰지 최근 닐슨 미디어 리서치는 지역별 평균 시청률에 근거해 조엘 오스틴 목사의 프로그램을 '미국에서 가장 영향력 높은 방송'으로 선정할 정도입니다.

무엇이 그를 그렇게 영향력 있는 리더로 만든 것일까요? 자신의 책 제목대로 어떤 상황 속에서도 흔들리지 않는 긍정의 힘을 갖고 있었기 때문입니다. 현실의 벽 앞에 주저앉지 않고 새롭게 열리는 희망의 세계로 날아갈 수 있는 긍정의 힘이 오늘날의 조엘 오스틴을 만든 것입니다.

저는 이런 희망을, 시험을 치러야 하는 우리 아이들에게 나눠 주고 싶습니다. 치열한 경쟁과 냉정한 현실 속에서 살아가는 우리 아이들이 희망의 날개를 펼쳐, 그들에게 주셨던 하나님의 꿈을 이루어 영향력 있는 리더로 우뚝 서는 것을 보고 싶습니다.

그러기 위해서는 무엇보다 시험을 보기 전 부모의 역할이 중요합니다. 아이들이 두려움 없이 긍정적인 시야를 갖고 시험을 볼 수 있느냐 없느냐의 관건은 바로 아이들에게 지대한 영향을 끼치는 부모의 태도에 달려 있기 때문입니다.

그렇다면 우리 자녀들에게 부모들은 어떻게 긍정의 힘을 심어 줄 수 있을까요? 시험을 앞둔 자녀에게 "될 수 있다"는 긍정의 힘을 심어 주기 위해서 가장 중요한 것은 바로 믿음입니다. 하나님을 향한 믿음이 있을 때 아이들은 어떤 상황 속에서도 흔들리지 않고 긍정적인 태도로 임할 수 있기 때문입니다.

1914년 12월 9일, 우리가 잘 아는 토마스 에디슨이 평생 모은 재산인 뉴저지 주 웨스트 오렌지에 있는 공장과 연구 시설이 불에 타 없어졌습니다.

시세로 무려 2백만 달러어치나 되는 엄청난 재산이었습니다.

그때 24세 된 에디슨의 아들 찰스는 불에 탄 시설을 바라보며 절망에 빠져 있었습니다. 그러자 67세의 에디슨이 아들을 향해 이렇게 말했다고 합니다.

"애야, 연구실에 불이 난 것은 기존 건물과 묵은 시설이 아까워서 뜯어고치지 못하는 나의 좁은 마음을 책망하기 위해 창조의 하나님께서 이런 방법을 쓰신 거야."

무슨 말이에요? 상황보다 중요한 것은 믿음이라는 말입니다. 그렇습니다. 에디슨은 이 믿음이 있었기에 언제나 세상을 긍정적으로 바라볼 수 있었습니다. 수많은 실패 속에서도 새로운 가능성을 향해 다시 도전할 수 있었던 것입니다.

자녀에게 긍정의 힘을 심어주고 싶다면 무엇보다 믿음을 확인시켜 주어야 합니다. 절망적인 상황을 바라보지 말고 하나님을 바라보는 믿음을 갖게 해야 합니다. 그렇게 할 수만 있다면 상황이 아무리 나쁠지라도 우리 자녀들은 다시 희망의 창공을 향해 날아오를 수 있습니다.

하지만 문제는 부모가 자녀에게 어떤 상황 속에서도 흔들리지 않는 믿음의 모습을 보여 주지 못하고 현실의 벽에 부딪혀 절망하는 모습을 보여 주고 있다는 것입니다. 내일 당장 시험을 쳐야 하는 자녀에게 믿음을 심어 주기는커녕 이렇게 말합니다.

"거봐, 내가 진작 공부하라 그랬지? 지금부터 한다고 될 것 같아. 이미

늦었어, 다른 애들 봐라"는 등의 말을 해서 아이들의 믿음을 방해하고 있습니다.

그러나 늦지 않았습니다. 끝난 것이 아닙니다. 지금 자녀의 상황이 어떠할지라도 하나님을 바라보는 믿음만 회복할 수 있다면 하나님이 자녀의 상황을 회복시켜 줄 것입니다. 그러기에 지금까지의 상황에 흔들리지 말고 자녀가 하나님을 믿는 믿음으로 나갈 수 있도록 도와주어야 합니다. "너희 믿음대로 되라"(마9:29)는 하나님의 말씀에서 긍정의 힘을 가질 수 있도록 도와주어야 합니다.

시험을 앞 둔 자녀들에게 긍정의 힘을 가르치고 싶다면 하나님의 자녀라는 자존감을 깨닫게 해 주어야 합니다. 자존감은 어떤 상황 속에서도 세상을 긍정할 수 있는 힘이 될 뿐 아니라 무엇이든 할 수 있다는 믿음의 토양이 되기 때문입니다. 바꾸어 말하면 아이들에게 "네가 할 수 있는 게 뭐니? 내 그럴 줄 알았다"는 말은 부정적인 자화상을 갖게 하고 세상을 긍정하는 힘을 빼앗아 가기 때문에 그런 말은 해서는 안 됩니다.

말씀의 거울

"예수께서 이르시되 할 수 있거든이 무슨 말이냐 믿는 자에게는 능치 못할 일이 없느니라 하시니"(막9:23).

그렇다면 어떤 말로 자존감을 세워 줄 수 있을까요? 그리스도 안에서 회복된 하나님의 자녀의 권세가 있음을 알게 해야 합니다. 하나님이 당신의 자녀인 우리와 함께 하시기에 우리는 어떤 어려움 속에서도 일어설 수 있을 뿐 아니라 아무리 두려운 상황 속에서도 당당할 수 있다는 것을 자녀들에게 알려주는 것입니다.

다시 말해서 시험을 앞 둔 자녀에게 이렇게 말하는 것입니다.

"얘야, 너는 하나님의 형상을 갖고 있어. 넌 너의 능력과 상관없이 존재만으로도 소중한 아이야. 넌 예수님을 주고 산 예수님짜리야. 네가 시험을 볼 때 결코 잊지 마라. 네가 하나님의 자녀라는 것을 말이야."

철강 왕으로 유명한 카네기의 사무실에는 그가 아끼는 그림이 하나 걸려 있었습니다. 그림은 항상 그의 사무실을 방문하는 사람들의 시선을 붙잡곤 했습니다.

그러나 그림이 사람들의 눈길을 끈 것은 유명한 작품이거나 아름다운 그림이기 때문이 아니었습니다. 오히려 삭막하다 못해 처절한 느낌을 주는 그림이었습니다. 커다란 나룻배에 노 하나가 아무렇게나 놓여 있고 그 배는 썰물에 밀려 황량한 모래사장에 덩그러니 내팽개쳐져 있는 그림이었습니다.

그런데 왜 삭막하다 못해 처절한 느낌을 주는 그림이 사람의 시선을 끌었던 것일까요? 그림에 이런 글이 적혀져 있었기 때문이었습니다.

"반드시 밀물이 밀려오리라. 그날 나는 바다로 나아가리라."

무슨 말입니까? 카네기의 사무실을 방문하는 사람들마다, 카네기가 춥고 배고팠던 청년시절에 그림 속의 글에서 희망을 버리지 않고 긍정의 힘을 가졌기 때문에 성공할 수 있었다는 것을 느꼈기 때문이라는 말입니다.

그렇습니다. 아무리 상황이 힘들고 어려워도 긍정의 힘을 갖고 있다면 우리는 승리의 희망으로 무엇이든 성취할 수 있습니다. 자녀의 상황이 어떠하든지 반드시 승리의 밀물이 밀려올 것입니다.

그러기에 크리스천 부모인 우리는 상황에 흔들리지 말고 자녀의 시험을 인도하실 하나님을 믿는 믿음과 하나님의 백성이라는 자존감을 자녀에게 심어 주어 긍정적인 자세로 시험을 볼 수 있도록 도와주어야 합니다.

자녀를 위한 기도문

"전능하신 하나님!
믿음의 삶을 통해 자녀에게
전능하신 하나님을 보여 주는 부모가
되게 하소서.
믿음 안에서 긍정의 힘을 깨달아
매사에 전능하신 하나님을 경험하는
자녀 되게 하소서.
예수님의 이름으로 기도합니다. 아멘."

때에 맞는 훈계와 지도는
자녀 성공에 필수요건이다

시간을 갖고 생각하라. 그러나 행동할 시기가 오면 생각을 멈추고 실행하라! – 나폴레옹

평범한 가정에서 태어나 많은 어려움과 난관을 극복하고 성공적인 인생을 살았던 사람 중에 앤드류 카네기가 있습니다. 그는 철강 사업을 통해 벌어 들인 전 재산을 사회 사업에 기부해 지금까지도 그 누구보다 영향력 있는 사람으로 살았습니다.

어떻게 아무런 배경이나 유산도 갖지 못한 그가 그렇게 성공적인 인생을 살아낼 수 있었을까요? 그것은 자신에게 찾아온 기회를 놓치지 않는 탁월한 타이밍 감각 때문이었습니다.

한번은 카네기 자신의 인생에 있어서 전환점이 될지도 모르는 기회가 찾

아왔습니다. 전신국 전보 배달원으로 일할 수 있는 기회였습니다. 그때 카네기는 피츠버그의 지리도 잘 모르고 몸도 그리 건강한 편이 아니었습니다. 그럼에도 당시 전신국의 책임자이자 면접관인 데이비드 브룩스가

"언제부터 일할 수 있느냐?"고 질문하자 이렇게 대답했다고 합니다.

"지금 당장이라도 일을 시작하겠습니다."

자신의 여건이 그리 좋은 상황은 아니었지만 카네기는 지금의 기회를 놓치면 안 된다는 타이밍 감각을 갖고 있었던 것입니다.

하지만 우리 아이들에게는 타이밍 감각이 부족합니다. 기회와 위험이 동시에 존재하는 글로벌 시대를 살아가고 있기에 기회를 살릴 수 있는 타이밍 감각이 중요한데 그렇지가 못합니다.

그렇다면 어떻게 자녀들에게 기회를 살릴 수 있는 타이밍 감각을 길러 줄 수 있을까요? 변화의 흐름을 읽는 지혜를 가르쳐야 합니다. 전도서 3장 1절은 말합니다.

"천하에 범사가 기한이 있고 모든 목적이 이룰 때가 있나니."

무슨 말이에요? 모든 것에는 때가 있다는 말입니다. 그냥 열심히 하면 되는 것이 아닙니다. 열심만 갖고 살 수 있는 세상이 아닙니다. 무엇이든지 간에 성실하기만 하면 성공한다는 말은 창조적 사회인 글로벌 시대에논 통하지 않습니다. 글로벌 시대의 특징이 변화이기 때문입니다.

변화의 흐름을 읽는 지혜가 필요합니다. 공부를 해도 변화의 흐름을 알아야 합니다. 직장을 얻고, 사업을 하려 해도 변화의 흐름을 알아야 합니다. 마태복음 16장 3절에서 예수님은 말씀하십니다.

"아침에 하늘이 붉고 흐리면 오늘은 날이 궂겠다 하나니 너희가 천기는 분별할 줄 알면서 시대의 표적은 분별할 수 없느냐."

두 번째로 변화의 흐름을 주관하시는 하나님을 알게 해야 합니다. 역사의 주관자는 하나님이십니다. 하나님께서 변화의 흐름을 주관하고 계십니다.

인류의 역사는 그리스도가 이 땅에 오심으로 BC와 AD로 나누어졌습니다. 21세기의 변화도 하나님의 손 안에 있습니다. 인간이 변화시키는 것이 아닙니다. 인간은 하나님이 주관하시는 역사의 흐름 안에서 일하고 있을 뿐입니다.

변화의 흐름을 분별하여 세상을 이끌어가는 자녀들을 보고 싶다면 하나님을 알게 해야 합니다. 전도서 2장 26절은 말씀합니다.

"하나님이 그 기뻐하시는 자에게는 지혜와 지식과 희락을 주시나 죄인에게는 노

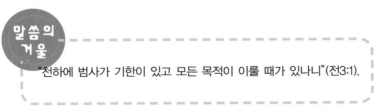

말씀의 거울

"천하에 범사가 기한이 있고 모든 목적이 이룰 때가 있나니"(전3:1).

고를 주시고 저로 모아 쌓게 하사 하나님을 기뻐하는 자에게 주게 하시나니 이것도 헛되어 바람을 잡으려는 것이로다."

세 번째로 자신에게 주어진 사명에 집중하게 해야 합니다. 유명한 영화 제작자였던 월트 디즈니에게 한 기자가 물었습니다.

"유명해 지셨으니 정말 행복하겠습니다."

그러자 디즈니는

"나쁠 것은 없습니다. 그러나 명성이, 좋은 작품을 내는 데 도움이 되는 것은 아닙니다. 나는 작품에 열중하다가 죽을 뿐이지 이름에 신경 쓰지 않습니다."

그렇습니다. 타이밍 감각은 집중력에서 나옵니다. 자신의 사명에 집중할 때 급변하는 환경 속에서 자신에게 주어진 기회를 놓치지 않을 수 있습니다. 생각해 보십시오. 홈런을 때리려는 타자가 인기를 의식해 경기를 하면 어떻게 되겠습니까? 공을 쳐 낼 수 없습니다.

마찬가지입니다. 우리 자녀들에게 타이밍 감각을 길러 주고 싶다면 다른 주변의 것에 마음을 빼앗기지 말고 사명에 집중하게 해야 합니다. 사명에 집중하지 못하고 친구들과 주변 잡기에 휘몰려 산다면 때를 놓치고 후회하게 될 것을 깨닫게 해 주어야 합니다.

"공부해서 남 주는 것이 사명이다"라는 의식을 심어줌으로 자신에게 주어진 때를 잘 활용할 수 있도록 해야 합니다.

하지만 이와 같은 노력과 함께 자녀에게 타이밍 감각을 길러 주기 위해 잊지 말아야 할 것이 하나 있습니다. 부모가 조급함을 버리고 마음의 여유를 갖는 것입니다. 공부를 열심히 해야 할 아이가 공부하지 않는 것은 여러 가지 이유가 있겠지만 부모의 조급함이 큰 원인입니다.

생각해 보세요. 조급한 부모들 때문에 우리 아이들이 어떻게 살고 있습니까? 21세기의 변화보다는 그저 눈앞에 있는 과제 하느라 분주하게 살고 있습니다. 하나님의 지혜를 얻기 위해 성경 한 구절 보지 못합니다. 아니 성경을 통해서 하나님을 경험하고 하나님이 주시는 지혜와 사명을 깨닫기는 커녕 시대의 흐름을 읽어 낼 수 있는 책 한 권 읽지 못하고 있습니다. 타이밍 감각을 기를 수 있는 기회를 부모가 빼앗고 있는 것입니다.

유명한 리더십 전문가 존 맥스웰은 "기회란 흔히 두 번 주어진다"고 말합니다. 기회가 많지 않다는 말입니다. 그렇다면 지금 우리의 조급함을 버리고 자녀가 하나님을 만나 사명을 깨닫고 시대를 분별하는 지혜를 가질 수 있도록 천천히 그러나 분명한 방향으로 타이밍 감각을 길러 주어야 합니다. 기회는 자주 오지 않습니다.

자녀를 위한 기도문

"세상 모든 만물을 주관하시는 하나님!

하나님의 지혜로 매사에

하나님의 때를 분별할 수 있는

자녀가 되게 하소서.

하나님의 때를 분별하여

자녀를 기다려 줄 수 있는

부모가 되게 하소서.

예수님의 이름으로 기도합니다. 아멘."

고난을 뛰어넘는
역경지수를 높여 주라

고난은 인간의 넋을 슬기롭게 하는 위대한 스승이다. – 에센 바흐

시험은 자신을 한 단계 업그레이드하는 좋은 기회임에는 틀림없지만 한 번의 시험으로 아이들의 인생이 좌우되는 것은 결코 아닙니다. 인생에는 끝없는 시험과 역경이 찾아오기 때문입니다.

지금 시험을 잘 본 아이나 그렇지 못한 아이나 모두 더 큰 인생의 위기와 역경을 만날 수 있습니다. 중요한 것은 시험의 결과가 아니라 우리 자녀들에게 '역경을 뛰어 넘을 수 있는 능력이 있느냐, 없느냐'입니다.

폴 스톨츠(Paul G. Stoltz)는 이런 능력을 자신의 저서 「역경지수: 장애물을 기회로 바꾸어라」는 책에서 'Adversity Quotient', 즉 '역경지수'라고 불렀습니다. 역경지수가 높은 자녀란 '역경을 만나도 피하지 않고 오히려 모든 힘을 다해 역경을 뛰어넘어 그것을 기회로 바꾸는 능력을 가진 아이'라고 정의할 수 있습니다.

문제는 우리 아이들의 역경지수가 높지 않다는 것입니다. 컴퓨터 세대이기에 C세대라고도 불리는 아이들이 두뇌는 뛰어난 것 같은데 역경에는 쉽게 좌절한다고 합니다.

다시 말해서 물질적 풍요 속에서 고난과 어려움을 모르고 자라 난 자녀들에게 가장 부족한 것이 역경을 뛰어넘을 수 있는 능력이라는 것입니다. 그저 조금만 힘들어도 자리에 주저앉아 낙심과 좌절 속에 인생을 포기하는 경우가 많이 있습니다.

그러기에 사랑하는 자녀가 하나님이 원하시는 성공적인 리더로 성장해 가는 것을 보고 싶다면 무엇보다 역경지수를 높여 주어야 합니다.

그렇다면 크리스천 부모로서 우리는 어떻게 자녀의 역경지수를 높여 줄 수 있을까요? 먼저 역경을 만난 성경의 인물들의 이야기를 들려 주어야 합니다.

성경에는 역경지수가 높은 믿음의 사람들로 가득 차 있습니다. 성경인물들의 공통점이 있다면 고난을 통과한 후 오히려 강하고 견고한 신앙을 갖고 역경을 이겨 나갔다는 것입니다. 욥의 이야기를 하지 않더라도 요셉, 다윗, 다니엘 등 헤아릴 수 없을 만큼 많이 소개되어 있습니다. 성경의 인물들을 통해서 아이들이 역경을 이겨나가는 법을 배울 수 있도록 해야 합니다.

예를 들면 믿음으로 역경을 뛰어넘은 사도 바울의 이야기도 좋습니다. 특히 빌립보서 1장 12절에서 20절은 바울이 감옥이라는 역경 속에서 어떻게 기쁨으로 그 역경을 뛰어넘으며 살았는지 잘 소개하고 있습니다.

이것은 오늘날 역경을 만날 때 우리 자녀들이 배워야 할 중요한 교훈을 전해 주고 있습니다. 그 교훈이 무엇입니까? 역경을 만날 때 역경이 온 이유를 깨달아야 한다는 것과 환경을 바라보지 말고 그리스도를 바라봐야 한다는 것, 긍정적인 태도로 역경을 극복해야 한다는 것입니다.

두 번째로 현대적 인물의 이야기를 들려 주는 것도 좋습니다. 한 일간지에서 1948년 이래로 역사학자들을 중심으로 미국의 역대 대통령들의 성적을 채점한 흥미 있는 보도를 했습니다. 초대 대통령인 조지 워싱턴부터 빌 클린턴까지 지도력 및 업적, 위기관리 능력, 정치력, 인사관리, 성격 및 도덕성의 항목으로 분류하고 각 항목별로 평가하여 순위를 매겨 놓은 것입니다.

그 결과 1위는 링컨, 2위는 프랭클린 루즈벨트, 3위 워싱턴, 4위 제퍼슨 순이었습니다. 순위를 매겨 놓고 보니 이들에게는 한 가지 공통점이 있었는

말씀의 거울

"나의 가는 길을 오직 그가 아시나니 그가 나를 단련하신 후에는 내가 정금같이 나오리라"(욥23:10).

데 국가적 위기상황을 잘 극복한 대통령들이었다고 합니다. 다시 말해서 역경지수가 높은 사람들이었다는 말입니다.

이렇게 역경지수가 높은 현대 리더들의 이야기는 조금만 관심을 가지면 아이들에게 들려 줄 수 있습니다. 신문은 물론 인터넷 그리고 책을 통해서 아이들에게 역경을 뛰어넘은 현대 리더들의 이야기를 들려줌으로써 역경지수를 높여 줄 수 있습니다.

하지만 더 중요한 것이 있습니다. 아이들이 역경을 경험해 볼 수 있도록 해야 합니다. 편안하게 소파에 앉아 TV를 보며 인터넷을 하는 우리 아이들에게 역경은 책에서나 나오는 이야기일 것입니다.

실제로 어렵고 힘든 사람을 찾아가 그들과 호흡하면서 역경이 무엇인지 경험하게 해야 합니다. 우리 주변에 힘들고 어렵게 살아가는 이웃들을 찾아가 그들을 섬기도록 해야 합니다. 그렇게 할 수 있다면 아이들의 마음속에는 그들을 섬기는 기쁨은 물론 어떤 일도 헤쳐 나갈 수 있다는 역경지수가 올라가기 시작할 것입니다.

임진각에서 열린 제7회 문화일보 파주통일 마라톤에서 역경 지수가 높은 사람이 어떻게 위기를 극복하고 기회로 만들고 있는지 보여준 한 사람이 있었습니다. 그는 마라톤 우승을 하지는 못했지만 두 팔이 잘려 나간 채로 3위에 입상한 사람이었습니다. 그 사람이 누구인지 아십니까? 장애우들에게 꿈과 용기를 심어 준 서른 세 살의 김영갑이라는 분입니다.

예배 드리는 자녀가 성공한다

어려운 형편으로 대학에 진학하지 못하고 의성공고 전기과를 졸업한 뒤 산업전선에 뛰어들어 아름다운 미래를 꿈꾸며 살았지만 불의의 전기사고로 두 팔이 모두 잘려 나갔습니다.

하지만 그는 자신의 처지를 비관하지 않고 발로 할 수 있는 일을 찾았습니다. 그것이 바로 마라톤이었습니다. 그때부터 그는 달리기 시작했습니다. 구미에 있는 집 근처 운동장을 혼자서 돌고 또 돌았습니다.

급기야 2001년 4월 열린 대덕 밸리 하프마라톤대회에 출전하여 완주를 합니다. 비록 입상은 못했지만 다시 인생을 새 출발 할 수 있게 용기를 심어 준 대회였습니다. 이후 그는 풀코스, 울트라 100km, 제주 200km, 한반도 횡단 311km, 한반도 종단 537km에 참가, 완주했습니다. 그리고 지난해 보스턴 마라톤대회에 참가했고 이번에 3위에 입상하게 된 것입니다.

어떻게 가능할 수 있었을까요? 역경지수가 높은 사람이었기 때문입니다. 다시 말해서 고난을 이겨내는 의지력이 강한 사람이었다는 말입니다.

그렇습니다. 역경지수가 높은 사람은 고난을 두려워하지 않습니다. 역경에 좌절하지 않습니다. 오히려 역경을 승리의 기회로 삼아버립니다. 그러기에 우리 자녀들이 시험을 통해 더욱 하나님 앞에 쓰임 받는 사람이 되고자 하는 소원이 있다면 역경을 극복한 성경의 인물과 현대 인물들의 모습을 배우게 하여 힘들고 어려운 이웃을 섬김으로 역경지수를 높일 수 있도록 해 주어야 합니다.

자녀를 위한 기도문

"고난은 하나님이 주신

좋은 기회임을 깨닫게 하소서.

자녀의 고난을

너무 가슴 아파 하지 않게 하소서.

역경 속에 있는 자녀의 뒷모습을 보며

기도하고 인내할 수 있는 믿음의 눈을

허락하소서.

예수님의 이름으로 기도합니다. 아멘."

용기 있는 사람의 부모들은
도전을 멈추지 않았다

실패했다는 사실이 부끄러운 것이 아니다. 도전하지 못한 비겁함은 더 큰 치욕이다.
– 로버트 H. 슐러

1940년 어느 날, 영국의 한 청년이 처음으로 세계에서 가장 높은 산인 에베레스트 정복에 나섭니다. 그러나 실패합니다. 사람들이 그들을 위로하기 위해 산 중간에서 파티를 열어주었을 때 그는 산을 내려오면서 이런 유명한 결단의 말을 남겼다고 합니다.

"산이여, 너는 자라나지 못한다. 그러나 나는 자라날 것이다. 나의 기술도, 나의 힘도, 나의 경험도, 나의 장비도 자라날 것이다. 나는 다시 돌아온다. 그리고 기어이 네 정상에 설 것이다."

결국 약 10년 후인 1953년 5월 29일. 그는 다른 두 명의 산악인과 함께 역사상 처음으로 에베레스트 정상에 우뚝 서는 기쁨을 누리게 됩니다. 그가 누구입니까? 바로 '에드먼드 힐러리'입니다.

우리 자녀들이 경험하는 이 세상은 마치 정상을 향해 올라가는 산악인과 같습니다. 수많은 난관과 어려움이 있습니다. 강한 바람과 적응하기 힘든 날씨는 물론 험난한 계곡과 낭떠러지의 위험을 극복하며 올라가야 합니다. 때론 한발자국도 떼기 힘든 탈진을 이겨내야 하고 포기하고 싶은 유혹도 뿌리쳐야 합니다.

다시 말하면 정상에 오르기 위해서는 끊임없는 도전정신을 갖고 목표를 향해 나아가야 한다는 것입니다. 사랑하는 자녀들이 하나님에게서 받은 비전의 정상에 오르는 것을 보고자 한다면 무엇보다 정상에 이르는 도전정신을 길러 주어야 합니다.

하지만 컴퓨터세대라고 불리는 우리 아이들의 가장 치명적인 약점이 바로 도전정신이 약하다는 것입니다. 풍요와 물질적 번영으로 편리함에 익숙해진 아이들은 이미 고난과 역경을 이겨나가는 도전정신을 상실한 지 오래되었습니다.

희생과 대가를 치르며 도전하는 삶의 가치를 잃어버린 채 어떻게 하면 쉽고 편하게 삶을 즐길 수 있을까에 더 관심을 갖고 있을 뿐입니다. 부모들이 자신들의 어려웠던 어린 시절을 이야기해 주지만 어려움과 극한 가난을 경험하지 못한 아이들은 부모가 들려 주는 이런 교훈을 듣기 싫어합니다.

예배 드리는 자녀가 성공한다

그렇다면 어떻게 자녀들에게 도전정신을 길러 줄 수 있을까요? 먼저 창조적이고 거룩한 불만족을 갖게 해야 합니다. 도전정신이란 지금 하는 일에 대해 만족하는 순간 사라지기 때문입니다.

도전정신을 길러 주는 좋은 방법은 자신에게 맡겨진 삶이 보다 가치 있고 의미 있기 위해서는 무엇이 부족한가를 인식하게 하는 것입니다.

불평을 가진 아이로 키우라는 것이 아니라 보다 창조적인 삶을 위해 지금 자신에게 부족한 것이 무엇인가를 발견하게 하라는 뜻입니다. 아침과 저녁으로 잠언과 시편을 읽으면서 자기반성의 시간을 갖게 한다든지 위인들의 생애를 읽으며 자신의 삶을 돌아보게 하는 것입니다.

그럴 때 아이들의 마음속에서는 '지금 하고 있는 이 일이 최선인가?'라는 질문이 생기게 되고 도전정신이 싹틀 수 있습니다.

한걸음 더 나아가서 자녀들에게 도전정신을 길러 주고 싶다면 과거의 성취를 잊어버리게 해야 합니다. 정상에 오르기 위한 출발점은 거룩한 불만족입니다. 지금 있는 자리에서 안주하지 말아야 합니다. 그리고 그렇게 정상을 향해 출발했다면 이제 더 이상 뒤를 돌아보지 말아야 합니다.

말씀의 거울

"푯대를 향하여 그리스도 예수 안에서 하나님이 위에서 부르신 부름의 상을 위하여 좇아가노라"(빌3:14).

과거의 것은 잊어 버려야 합니다. 과거의 실패는 물론 과거의 성취 또한 모두 잊어 버려야 합니다. 시험이 끝나고 아깝게 놓친 문제를 생각하면서 오늘이라는 시간을 집착으로 보내게 해서는 안 됩니다.

그런데 부모들이 자꾸 아이들의 과거를 들추는 경우가 있습니다. 그래서는 안 됩니다. 달리기하는 선수가 뒤를 돌아보면서 달리는 것을 본 적이 있습니까? 없습니다. 있다면 그 사람은 정상을 차지하지 못할 것입니다. 정상을 향해 달려 나갈 때 중요한 것은 뒤를 돌아보지 말아야 한다는 사실입니다.

세 번째로 자녀들에게 도전정신을 길러 주고 싶다면 차원 높은 목표를 갖게 해야 합니다. 영국의 유명한 설교자인 조셉 파커는 설교 중에 이런 말을 한 적이 있습니다.

"독수리는 참새 둥지에 안주하지 않는다."

수준 높은 목표의 중요성을 강조한 말입니다. 그렇습니다. 도전정신은 바라보는 정상이 어디냐에 따라 그 상태가 달라집니다.

낮은 동산을 오르려는 등산객과 에베레스트를 오르려는 산악인의 도전정신이 같지 않은 것처럼 하나님이 주신 비전과 목표를 가진 아이들과 대학이 인생의 목표인 아이들의 도전정신은 같을 수 없습니다.

자녀들의 목표를 대학이나 세속적인 성공에 두어서는 안 됩니다. 하나님의 영광을 위하여 하나님이 맡기신 위대한 비전에 목표를 두도록 해야 합니다.

사람은 누구나 일생동안 세 권의 자서전을 씁니다. 제1권은 '과거'라는 이름의 책입니다. 이 책은 이미 집필이 완료되어 여러분의 책장에 꽂혀 있습니다. 제2권은 '현재'라는 이름의 책입니다. 이 책에는 지금 나의 행동과 말 하나하나가 그대로 기록됩니다. 제3권은 '미래'라는 이름의 책입니다. 이것은 제목은 있지만 아직 쓰이지 않은 책입니다.

이 중에서 가장 중요한 책은 바로 제2권입니다. 1권이나 3권은 부록에 불과합니다. 어제는 이미 지나갔고 돌이킬 수 없으니 내 것이 아니고 내일은 아직 다가오지 않았으니 역시 내 것이 아닙니다. 오직 오늘이라는 시간이 중요한 것입니다.

오늘이라는 시간, 자녀들이 혹시 현실에 안주하고 있지는 않습니까? 과거에 매여 있지는 않습니까? 그래서 도전정신을 상실한 채 그저 대학이라는 목표를 위해 다람쥐 쳇바퀴 돌듯 학교와 학원을 오가며 의미 없는 시간을 보내고 있지는 않습니까?

그렇다면 세속적인 성공을 향해 달려가다가 주님을 만나 하나님이 주신 차원 높은 목표를 향해 끊임없는 도전정신으로 세계를 정복한 사도바울처럼, 자녀들에게 차원 높은 목표를 제시하여 그들이 과거의 모든 일은 잊어버리고 지금이라는 시간에 최선을 다하며 살도록 부모들이 잘 양육해야 할 것입니다.

자녀를 위한 기도문

"현재의 자리에서
불평이 아닌 거룩한
불만족을 가지고 최선을 다하는
자녀가 되게 하소서.
독수리 같이 높은 창공을 비상하는
도전정신을 갖게 하여 주시고
바울과 같이 말씀을 들고
당당하게 세상을 향해 나아가게 하소서.
예수님의 이름으로 기도합니다. 아멘."

게으름 피우는 자녀, 이렇게 지도하라!

1. '내 삶의 쓰임'을 가르치라

'내 안의 나'를 만나 '하면 된다!'가 아니라
'왜 해야 하는가'를 발견하도록 돕는다.

2. 필요하다면 자기 외적 통제력을 강화하라

학원을 등록시키거나 사람들에게 선언하는 등,
자기 내적 통제력이 약하다면 강제성을 동원한다.

3. 자극받을 수 있는 친구와의 사귐을 권유하라

긍정적인 동기를 부추겨 줄 수 있는 좋은 친구와
라이벌의 필요성에 대해 가르친다.

4. 쉽게 이룰 수 있는 작은 계획부터 세우게 하라

이루었다면 충분히 보상하고 조금씩 계획을 키우도록 한다.

5. 육체를 건강하게 관리하도록 가르치라

찌들고 병든 육체에서 건강한 생각이 나올 수 없다.
운동으로 심신을 관리하도록 지도한다.

6. 일의 경중과 완급을 구분하게 하라.

우선순위에 대해 가르치라, 모든 일에 부지런한 사람은 없다.

7. 항상 'Why'가 아니라 'How to'로 질문하라

구체적인 질문을 해야 실천적인 답이 나온다.
"왜?" 대신 "어떻게 하면 될까"라고 질문한다.

자녀교육 성공비결 4.

자녀의 인생을
형통케 하라

"인생 형통의 원리를 가르치라"

어릴 적부터 부모의 권위에 순종하며
공경하는 법을 가르쳐야 합니다. 부모 공경이
인생 형통의 시작이기 때문입니다.

형통은 게으름을 싫어한다

인간이 게으름을 피우고 있으면 행운은 잠들어 버린다. - W. 세익스피어

가수 김종국씨가 2005년 연말 지상파 방송 3사의 가요대상을 휩쓸며 최고의 한 해를 보냈습니다. 데뷔 후 10년 만에 최고의 정상에 오르는 저력을 보여 준 것입니다. 어디서 그런 저력이 나온 것일까요? 그는 수상 소감을 밝히는 자리에서 그 이유를 이렇게 말했습니다.

"내심 기대는 하고 있었어요. 한 번도 큰 상을 받은 적이 없기 때문에 설레고 한편으론 쑥스럽기도 했죠. 게으름 피우지 않고 열심히 활동한 게 좋은 결과를 가져온 것 같습니다."

무슨 말입니까? 게으름 피우지 않고 최선을 다해 좋은 결과를 얻었다는 것입니다.

한 해를 시작할 즈음 부모들이 자녀들에게 바라는 것이 있다면 그것은 게으르지 않고 하루하루 최선을 다하는 모습일 것입니다.

아침에 일찍 일어나 TV나 게임에 몰두하지 않고 계획성 있게 하루를 보내는 것입니다. 하지만 방학이 되면 아이들은 게으름을 피우고, 자녀와 부모는 아침부터 일어나라는 말로 전쟁을 치릅니다. 여러 가지 말로 아이들을 협박하기도 하고 회유하기도 하지만 게으름을 쉽게 고치지 못합니다. 그래서 방학 후 일주일만 지나도 부모들은 빨리 개학이 오기를 기다릴 정도입니다.

그렇다면 어떻게 게으름 피우지 않는 자녀로 키울 수 있을까요? 먼저 게으름에 대한 오해에서 벗어나 인생의 목적을 가르쳐야 합니다. 우리는 흔히 게으름이란 꼼짝하지 않고 움직이지 않는 것이라고 생각합니다. 물론 그런 모습은 게으른 자녀들에게서 볼 수 있습니다.

그러나 게으름은 그런 것만은 아닙니다. 정신과 의사로 게으름에 대해 탁월한 통찰력을 제공해 주고 있는 문요한 씨는 자신의 칼럼 "게으름을 벗어나기 위한 7가지 법칙"에서 게으름에 관한 탁월한 관점을 제시해 주고 있습니다.

"게으름은 움직이느냐 움직이지 않느냐의 문제가 아니다. 게으르다는 것이 움직이지 않는 것을 의미하는 것은 아니다. 아무런 물음과 생각 없이 일상적인 생활을 바쁘게 사는 것도 삶에 대한 근본적인 게으름이다. 무릇 게으름이란 '움직이느냐! 움직이지 않느냐!'의 문제가 아니라 '중요한 일부터 하느냐! 그렇지 않느냐!'의 차이기 때문이다."

그렇습니다. 게으름은 단순히 분주하게 움직이느냐 움직이지 않느냐의 문제가 아닙니다. 하나님이 주신 목적을 알지 못한 채 습관적으로 동일한 일을 분주하게 반복하고 있다면 그것 역시 게으름입니다.

물론 그렇게 목적 없이 하루를 바쁘게 움직이는 사람들은 시간만 나면 빈둥거립니다. 목적이 없기 때문입니다. 마찬가지입니다. 자녀들이 게으름을 피우지 않게 하고 싶다면 인생의 목적을 발견하고 규칙적인 생활을 했던 다니엘과 신앙의 인물들을 공부하도록 해 주어야 합니다. '빨리 빨리' 라는 잔소리로는 아이들을 침상에서 끌어 낼 수 없기 때문입니다.

자녀가 게으름 피우지 않고 부지런히 살기를 바란다면 게으름의 정체를 알아야 합니다. 많은 부모들이 자녀들의 게으름을 한탄하면서도 막상 게으름에 대해 물어보면 대답하지 못합니다. 게으름의 정체를 알지 못하고 있습니다. 그래서 사단은 교묘하게 사람마다 스타일이 다르다고 말하면서 사람들이 게으름에 빠지도록 유혹합니다.

게으름의 정체는 무엇일까요? 게으름은 단순히 그 사람의 스타일이나 성향이 아니라 타락한 인간의 마음에 뿌리를 내린 죄악입니다. 그런데 많은 사람들이 게으름을 사람의 기질이나 성향으로 이해합니다. 심지어 게으름을 여유라는 이름으로 이해하기도 합니다.

하지만 그렇지 않습니다. 마태복음 25장 달란트의 비유에서 예수님께서 한 달란트 받은 자에게 뭐라고 말씀하셨습니까? '악하고 게으른 종'이라고 하셨습니다.

그렇습니다. 게으른 것은 악한 것입니다. 아이들이 늦게 일어나 빈둥거리며 시간을 허비하는 것은 선한 것이 아닙니다. 자신의 방도 정리하지 않는 것은 스타일이 아닙니다. 그것은 악한 것입니다.

자녀들이 방학동안 게으름을 피우는 것을 그냥 놔 두어서는 안 됩니다. 몇마디 잔소리하다가 포기하지 말고 게으름은 악한 것임을 알고 게으름에서 벗어날 때까지 잠언에 소개된 게으름에 관한 말씀을 깨우쳐 주어야 합니다.

세 번째로 자녀들을 게으름에서 벗어나게 하고 싶다면 게으름이 발전되지 못하도록 해야 합니다. 성경은 게으름이 이기적이고 나태한 인간의 마음에 뿌리 내리고 있는 정욕이라고 말씀하고 있습니다. 시간이 지날수록 게으름의 욕구는 발전한다는 말입니다. 잠언 21장 25절을 보세요. 뭐라고 말씀하고 있습니까?

말씀의 거울

"게으른 자의 정욕이 그를 죽이나니 이는 그 손으로 일하기를 싫어함이니라"(잠21:25).

"게으른 자의 정욕이 그를 죽이나니 이는 그 손으로 일하기를 싫어함이니라."

그렇습니다. 게으른 자의 정욕은 발전하여 그 사람을 죽입니다. 게으름을 피울수록 더욱 큰 게으름의 욕구를 갖게 함으로 결국 사람을 파멸로 이끌고 맙니다.

좀 더 자다가 일어나겠지 하며 자녀들의 게으름을 방관해 보신 적이 있습니까? 그때 어땠습니까? 게으름이 고쳐지던가요? 아니오. 갈수록 태산입니다. 그러므로 자녀들이 게으름에 빠져 있다면 게으름이 발전되지 않도록 규칙적인 경건의 생활로 게으름의 정욕을 다스릴 수 있게 해 주어야 합니다.

유대인 가정에서는 자녀들이 게으름을 피울 수 없다고 합니다. 왜냐하면 저녁에 아버지가 귀가하기 전까지 샤워를 하고 옷을 갈아입도록 하여 아버지가 돌아와 샤워를 끝내면 모든 가족들이 식탁에 둘러앉아 저녁식사를 하기 때문입니다.

가정에서 저녁시간을 효율적으로 사용하는 일례입니다. 이처럼 유대인 자녀들은 정해진 시간에 마치도록 어릴 적부터 훈련을 받기 때문에 게으름에 빠지지 않습니다.

또한 이렇게 훈련을 받으며 자란 아이들이 13세가 되면 성인식을 치르는데 축하 선물로 주로 손목시계를 받는다고 합니다. 게으름에 빠지지 않고 시간을 잘 사용하라는 의미입니다. 그래서 그런지 지금도 유대인들은 세계 곳곳에서 영향력을 끼치는 리더로 살고 있지 않습니까?

사랑하는 여러분, 자녀들이 방학마다 게으름에 빠져 전쟁을 치르고 계십니까? 그렇다면 '빨리 일어나'라는 말 대신 자녀들이 어릴 적부터 하나님이 주신 달란트와 시간을 최선을 다해 사용할 수 있도록 인생의 목적과 게으름에 대한 하나님의 지혜를 가르치는 부모들이 되기를 바랍니다.

자녀를 위한 기도문

"성실로 식물을 삼게 하시는 하나님!

하나님이 주신 시간을 중요한 일을 하는 데

소중하게 사용하게 하소서.

착하고 충성된 종이라

칭찬받는 부모와 자녀가 되게 하소서.

목적에 이끌리어 성실로

살아가는 모습을

유산으로 남길 수 있는

부모가 되게 하소서.

예수님의 이름으로 기도합니다. 아멘."

부모 공경은 자녀의
생명과 연관이 있다

어버이를 공경함은 으뜸 가는 자연의 법칙이다. - 발레리우스

요즘 우리 청소년들은 부모를 존경하기보다는 자신을 뒷바라지하는 사람으로 인식하는 경향이 많습니다.

가정에서 아버지의 위상을 조사하기 위한 '현재 아빠를 존경하는가?'라는 질문에 무려 62%의 청소년이 '아니오'라고 대답했다고 합니다. 게다가 '아버지와 가장 하고 싶은 일은 무엇인가?'라는 질문에 '없다'고 답한 학생들도 적지 않았다고 합니다.

참 가슴 아프지 않습니까? 부모들은 아이들을 위해 모든 것을 걸고 헌신하고, 가정을 위해 자신을 희생하면서 사는데 왜 이런 일이 일어나는 걸까요? 어떤 사람들은 세대차이 때문이라고 말하고 어떤 사람들은 아이들과 의사소통이 이루어지지 않기 때문이라고 말합니다.

하지만 근본적인 문제는 우리가 자녀들에게 부모를 공경하는 법을 가르치지 않았기 때문입니다. 성경이 가르치는 원리에 따라 자녀를 양육하지 않고 아이들이 하고 싶은 대로 내버려 두었기 때문입니다.

실제로 성경은 자녀가 부모를 공경하는 것이 얼마나 중요한가를 강조하고 있습니다. 마태복음 15장 4절에서 예수님은 유전으로 인해 하나님이 말씀하신 부모 공경을 하지 않는 바리새인들과 서기관들을 책망하셨습니다.

"하나님이 이르셨으되 네 부모를 공경하라 하시고 또 아비나 어미를 훼방하는 자는 반드시 죽으리라 하셨거늘."

무슨 말입니까? 부모를 공경하는 것은 자녀의 생명이 오갈 만큼 중요한 하나님의 말씀입니다. 그러나 요즘 아이들은 이전 세대가 경험할 수 없는 풍요와 지원을 부모에게서 받으면서도 부모를 공경하지 않습니다. 부모를 공경하기는커녕 권위적이고 융통성이 없다는 이유로 무시하는 경우가 허다합니다.

이런 시대 어떻게 우리 자녀들을 부모를 공경하는 아이들로 키울 수 있을까요?

무엇보다 먼저 부모가 성경적인 자녀 교육관을 가져야 합니다. 시대의 변화에 따라 자녀 교육도 급속하게 변하고 있습니다. 이런 변화의 흐름 속에서 크리스천 부모들도 시대에 뒤떨어지지 않도록 해야 합니다.

그렇다고 해서 세상의 흐름을 그대로 따라가라는 말이 아닙니다. 오히려 쏟아지는 자녀 양육의 지침들을 성경적인 가치관으로 잘 분별할 줄 알아야 합니다. 성경적인 자녀 교육관을 가진 책들이 주는 구체적인 지침은 받아들이지만 그렇지 않은 것은 거절할 줄 알아야 합니다.

실제로 서점가에 나와 있는 책들을 보면 대부분이 인본주의 시각에서 자녀 양육의 문제를 다루고 있습니다. 인간의 본성인 죄성을 간과한 채 아이들을 무조건 칭찬하고 격려하고 놔두라는 경향이 쏟아지고 있습니다.

칭찬하거나 격려하지 말라는 말이 아닙니다. 효과적인 칭찬과 아울러 그들이 잘못된 길로 들어서지 않도록, 성경이 강조하고 있는 훈계가 균형을 이루어야 한다는 말입니다.

하지만 대부분의 부모들이 성경을 읽지 않음으로 대중 매체와 인본주의 서적을 통해서 알게 된 자녀 교육관을 갖고 있습니다. 그래서 성경의 원리에

> **말씀의 거울**
>
> "자녀들아 너희 부모를 주 안에서 순종하라 이것이 옳으니라 네 아버지와 어머니를 공경하라 이것이 약속 있는 첫 계명이니 이는 네가 잘되고 땅에서 장수하리라"(엡6:1-3).

따라 훈계하지 못함으로 자녀들이 부모를 공경하지 못하고 있는 것입니다.

　두 번째로 부모 공경은 자녀 교육의 가장 중요한 요소임을 자각해야 합니다. 어릴 적부터 자녀를 향한 빗나간 부모들의 사랑은 아이들을 버릇없는 아이로 자라게 합니다.

　이렇게 자란 아이들은 사춘기가 되었을 때 부모 면전에서 부모를 비웃으며 자기 멋대로 하게 됩니다. 부모 앞에서 소리를 지른다든지 부모가 하는 말을 건성으로 듣는다든지 부모를 자신의 비서처럼 여긴다든지 하는 것은 부모 공경의 중요성을 자녀들에게 가르치지 않은 결과입니다.

　그러기에 자녀를 잘 양육하고 싶다면 어릴 적부터 부모의 권위에 순종하며 공경하는 법을 가르쳐야 합니다.

　세 번째로 부모 공경이 자녀의 축복임을 가르쳐야 합니다. 출애굽기 20장 12절은 말씀하고 있습니다.

　"네 부모를 공경하라 그리하면 너의 하나님 나 여호와가 네게 준 땅에서 네 생명이 길리라."

　무슨 말입니까? 부모를 공경하는 것이 축복이라는 말입니다. 다시 말해서 자녀가 아무리 좋은 대학을 나와 부와 명예와 권력을 갖는다 해도 부모를 공경하지 않는다면 축복된 인생을 살아갈 수 없다는 것입니다.

　그러기에 자녀들이 축복된 인생을 살아가길 원한다면 무엇보다 자녀가 부모를 공경하는 마음과 자세를 가질 수 있도록 해야 합니다.

그리고 더 중요한 이유가 있습니다. 부모 공경은 자녀가 하나님을 경외하며 그리스도의 사랑을 받아들이기 위한 가장 중요한 요소라는 것입니다. 자녀 양육에 성경적이고 실제적인 통찰력을 제공해 주고 있는 제임스 돕슨은 「자녀 훈계와 사랑」이라는 저서에서 이렇게 말했습니다.

"부모에 대한 존경은 또한 예수 그리스도에 대한 사랑을 자기 자녀에게 물려주기를 원하는 그리스도인 부모들에게는 더없이 중요한 요소다. 왜냐하면 어린 아이들은 대개 부모, 그 중에서도 아버지를 하나님과 동격화하기 때문이다. 따라서 그들의 부모가 존경받을 가치가 없다면 부모의 도덕과, 조국, 가치관, 신념, 심지어는 종교적 믿음까지도 마찬가지가 된다

실제로 우리는 대중매체를 통해서 빈번하게 부모를 공경하지 않는 자녀들의 일탈 행동을 보고 있습니다. 더욱 심각한 것은 이런 것이 자신의 자녀의 문제라고 인식하지 못하는 부모들이 많다는 것입니다. 그래서 지금의 40대는 부모를 봉양하고 있지만 정작 자신들은 자식들의 봉양을 기대할 수 없는 세대임이 증명되고 있다고 합니다.

이런 시대 크리스천 부모인 우리는 사랑하는 자녀들이 부모를 공경할 뿐 아니라 하나님을 신뢰하며 하나님이 주신 축복된 인생을 살아가도록 부모 공경의 중요성을 가르쳐야 하지 않을까요?

자녀를 위한 기도문

"세상을 창조하시고
저희 가정을 창조하신 하나님!
부모인 제가 먼저
저희 부모님을 섬기는 모범을
보일 수 있도록 도와주소서!
자녀에게 말이 아닌 행동으로
보여 줄 수 있는
존경받는 부모가 되게 하소서.
예수님의 이름으로 기도합니다. 아멘."

03

잃어버린 시간은 하나님도 되돌려줄 수가 없다

승자는 시간을 관리하며 살고 패자는 시간에 끌려 다니며 산다. – J. 하비스

피뢰침의 발명자요 미국 독립전쟁 때 외교관으로 활약했으며 저술가로도 잘 알려진 벤자민 프랭클린(1706~1790)은 가난해서 중학교를 중퇴해야 했습니다. 그런 그가 어떻게 성공할 수 있었을까요? 그것은 시간을 선용할 줄 아는 사람이었기 때문입니다. 프랭클린에 대해 많은 일화가 전해 오지만 특별히 시간에 대한 이야기가 있습니다.

청년시절 프랭클린은 날짜 옆에 구약성경과 명언을 함께 인쇄한 캘린더를 팔아 큰 돈을 벌었다고 합니다. 어느 날 한 손님이 상점에 들어와 1달러

짜리 가격표가 붙어 있는 캘린더를 보고

"얼마죠?"하고 물었습니다.

"1달러입니다."

"좀 싸게 살 수 없을까요?"

"그럼 1달러 25센트에 드리죠."

"농담 마시고 좀 깎아 주세요."

"그럼 1달러 50센트에 드리죠."

"여보시오, 사람을 놀리는 거요? 1달러짜리를 선 채로 값을 마구 올리다니."

이때 프랭클린은 이렇게 말했다고 합니다.

"손님, 이 캘린더의 오늘 날짜에 적힌 격언을 보세요. '시간은 황금인 것을 잊지 마라' 아닙니까? 저에게 시간은 돈입니다. 지금 1달러 50센트에 파는 것보다 처음에 1달러에 판 쪽이 제겐 더 이익이었던 것입니다. 그 사이에 황금 같은 시간이 얼마나 흘렀습니까?"

그러자 손님이 고개를 떨구더니 1달러짜리를 1달러 50센트를 내고 가져갔다고 합니다. 시간의 중요성을 일깨워 주는 일화입니다.

그러나 실제로 시간을 선용하는 사람은 많지 않습니다. 아이들도 마찬가지입니다. 시간이 공짜로 주어지다 보니 시간의 가치를 알지 못한 채 그냥 시간을 허비합니다.

예배드리는 자녀가 성공한다

특히 방학 때는 더욱 그렇습니다. 시간을 잘 활용하는 방법과 시간의 가치를 알지 못하기에 그냥 시간을 흘려보내고 있습니다. 하지만 시간이 흘러가는 것이 아니라 사람이 다시 돌아 올 수 없는 시간의 영역을 지나가고 있는 것입니다. 우리 자녀들이 황금 같은 시간을 허비하지 않고 잘 선용할 수 있도록 지도해야 합니다.

그렇다면 어떻게 해야 자녀들이 시간을 잘 선용하게 할 수 있을까요? 먼저 오늘이라는 시간에 최선을 다하는 자세를 가르쳐야 합니다.

부모들이 잘못 생각하는 것이 하나 있습니다. 아이들이 공부를 열심히 하여 성적이 오르기는 바라면서 매일 주어지는 오늘이라는 시간을 어떻게 보내야 하는지 지혜를 가르쳐 주지는 않습니다. 목표는 강조하면서 그 목표를 이루기 위해 최선을 다해야 할 오늘이라는 시간에 대한 지혜는 강조하지 않는 것입니다.

어떻게 오늘을 보내는 지혜를 가르칠 수 있을까요? 잠언과 전도서에는 특별히 시간에 대한 지혜가 많이 소개되어 있습니다. 아이들이 아침과 저녁에 잠언과 전도서를 읽게 하면 좋습니다. 시간에 대한 성경의 지혜를 읽다

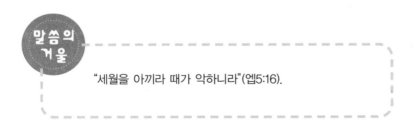

말씀의 거울

"세월을 아끼라 때가 악하니라"(엡5:16).

보면 아이들은 오늘의 중요성을 깨우치고 자신에게 주어진 하루를 최선을 다해 살 것입니다.

두 번째로 자녀에게 시간 사용에 대해서 하나님의 심판이 있음을 가르쳐야 합니다. 시간의 주인은 인간이 아님을 가르쳐야 합니다. 인간이 시간을 사용할 수 있게 된 것은 하나님이 시간을 창조하셨기에 가능한 것입니다.

시간의 주인은 하나님이시고 인간은 주인이신 하나님에게 시간을 임대를 받아 사용하고 있는 청지기일 뿐입니다. 그러기에 시간을 잘 관리하지 않으면 심판을 받습니다. 이것을 자녀들에게 가르쳐야 합니다. 전도서 11장 9절에 기록되어 있지 않습니까?

"청년이여 네 어린 때를 즐거워하며 네 청년의 날을 마음에 기뻐하여 마음에 원하는 길과 네 눈이 보는 대로 좇아 행하라 그러나 하나님이 이 모든 일로 인하여 너를 심판하실 줄 알라."

세 번째로 자녀들에게 시간에 우선순위가 있음을 가르쳐야 합니다. 시간을 선용한다는 것은 무엇이든 빨리 해낸다는 것을 의미하지는 않습니다. 조급증은 한국 사람들이 시간관리를 잘하지 못하게 하는 가장 큰 방해물입니다. 대부분의 부모님들이 조급하게 아이들에게 빨리 하라고 강요하는 경우가 많습니다.

아이들은 시간관리를 어떻게 해야 하는지 배우지 못한 채 그저 빨리 하려고 하다가 쉽게 지치고 포기하게 됩니다. 그러기에 자녀들이 시간을 잘 활용하는 것을 보고 싶다면 시중에 나와 있는 시간관리에 관한 좋은 책을 선정해 읽게 하여 시간의 우선순위를 가르쳐야 합니다.

리더십 전문가요 시간관리에 대해 통찰력을 주고 있는 스티븐 코비의 「소중한 것을 먼저 하라」, 세계 최고의 시간관리 전문가인 독일의 로타르J. 자이베르트가 쓴 「시간관리」와 같은 책들이 좋은 지침서가 될 수 있습니다.

마지막으로 우리 자녀들이 시간을 선용하는 데 부모들이 기억해야 할 이야기를 소개하려 합니다.

한 능력 있는 아버지가 있었습니다. 하루는 아버지에게 아들 셋이 찾아와 도움을 요청했습니다.

먼저 첫째 아들이 아버지에게 이런 도움을 요청했습니다.

"강도를 만나 돈, 결혼반지, 시계 모두를 털렸습니다. 아버지."

그러자 아버지가 고개를 끄덕이며

"상심하지 말아라, 아들아. 이 아비가 도와주마"라고 대답했습니다.

이어 둘째가 아버지의 팔을 붙들고 도움을 요청했습니다.

"아버지, 저는 오해로 친구를 잃었습니다."

아버지가 빙그레 웃더니

"내가 나서서 오해가 풀리도록 해 보마"라고 대답했습니다.

그러자 마지막으로 셋째가 아버지의 소매에 매달리며 말했습니다.

"아버지, 저는 시간을 너무 많이 잃었습니다. 이 일을 어찌하면 좋습니까?"

그러자 아들을 도울 준비가 되어 있는 상냥한 아버지의 얼굴이 굳어졌습니다. 그리고 잠시 후 한숨을 내쉬면서 말했다고 합니다.

"그 소원은 신이라도 들어 줄 수가 없는 것이다. 임종을 맞은 사람이 너에게 5분만 꿔달라면 꿔 줄 수가 있겠느냐? 다른 모든 것은 도울 수가 있어도 시간만은 찾아 줄 수가 없구나. 미안하다."

그렇습니다. 아무리 사랑하는 부모라 할지라도 시간을 빼앗긴 자녀를 도울 수는 없습니다. 하지만 오늘이라는 시간이 가기 전에 황금 같은 시간을 선용할 수 있는 비결은 가르쳐 줄 수 있습니다. 자녀들에게 '시간을 아껴 쓰라'고 권고하기 전에 시간을 선용할 수 있도록 구체적으로 가르쳐 주어야 합니다.

자녀를 위한 기도문

"시간을 계수하시는 하나님!
주님 앞에 섰을 때 부끄럽지 않도록
주어진 시간을 가장 소중한 것들로
채워가게 하소서.
잠언과 전도서 말씀에서
시간의 지혜를
깨닫게 하시고 하나님의 인도하심을 따라
인생을 계획하는 자녀로 자라게 하소서.
예수님의 이름으로 기도합니다. 아멘."

04

유머감각이야말로
형통의 기술이다

유머감각이 없는 사람은 스프링이 없는, 그래서 자갈에 부딪칠 때마다
덜컹거리는 마차와 같다. - 헨리워드 비처

유머 경영 창시자로 불리는 로버트 레버링 박사는
'훌륭한 일터'의 세 가지 조건으로 신뢰와 자부심, 그리고
재미를 느낄 수 있는 분위기라고 말했습니다. 상사와 경
영진을 신뢰(Trust)하고, 일에 자부심(Pride)을 느끼는 것도 중요하지만 무
엇보다도 재미(Fun)를 느낄 수 있는 기업이어야 한다는 것입니다.

재미가 기업 경영에 뭐 그렇게 중요한 요소일까 생각하는 사람들이 많겠
지만 그렇지가 않습니다.

삼성경제연구소의 '2005 한·미·일 히트상품' 보고서에 따르면 지난해

히트상품들은 '디지털 생활'과 함께 '재미(fun)와 유머'를 공통적으로 추구한 것들이었으며 올해는 그 현상이 더욱 두드러질 것이라고 전망하고 있습니다.

실제로 유머경영의 효시로 알려진 사우스웨스트 항공사는 90년대 초반 허브 켈러 회장이 "유머도 함께 팔겠다"고 공언한 후 이라크 전쟁과 사스 여파로 세계 항공사들이 불황의 늪에서 허덕이는 상황 속에서도 매년 8% 이상 성장을 지속하는 신화를 기록하면서 46년 연속 흑자, 30년 평균 주가수익률 1위, 전 세계에서 가장 존경받는 기업 2위에 올랐습니다.

무슨 말입니까? 유머가 중요하다는 말입니다. 사랑하는 자녀가 세상의 지도자로 쓰임 받길 원한다면 믿음과 실력은 물론 유머를 잘하는 사람으로 양육해야 할 것입니다.

그렇다면 어떻게 유머를 잘하는 유머의 대가로 자녀를 양육할 수 있을까요? 자녀들이 예수님 안에 거하도록 해야 합니다.

예수님은 누구보다 유머 있는 분입니다. 예수님의 말씀과 비유 속에는 그 시대 사람들이 웃으면서 진리를 깨달을 수 있는 요소가 담겨 있었습니다. 예를 들면 낙타와 바늘귀 비유가 그렇습니다.

하지만 예수님 안에 거해야 하는 더 중요한 이유는 그분이 기쁨의 원천이기 때문입니다.

한번은 어떤 사람이 하이든에게 "선생님의 음악이 기쁨으로 가득 차 있는 이유는 무엇입니까?"라는 질문을 던졌습니다. 그러자 하이든은 이런 유명한 대답을 했다고 합니다.

"주께서 내 가슴속에 폭발하는 기쁨을 주셨고 또 그분께서 내 펜을 움직이고 계시는데 어떻게 내가 기뻐하지 않을 수 있겠습니까? 내 음이 어떻게 기쁨을 말하지 않을 수 있겠습니까?"

그렇습니다. 예수 안에 있을 때, 예수님이 우리 마음 가운데 계실 때 우리의 기쁨은 폭발하지 않을 수 없는 것입니다. 그러기에 사랑하는 자녀들이 힘들고 어려운 순간마다 웃음과 미소로 세상을 이겨나가는 모습을 보고 싶다면 자녀들이 예수님 안에 거하도록 해야 합니다.

두 번째로 자녀들이 유머의 대가가 되는 것을 보고 싶다면 그리스도인 간의 교제 안에 있게 해야 합니다. 예수 안에 있으면 기쁨이 있습니다. 왠지 아십니까? 두 가지 이유가 있습니다. 한 가지는 예수님과 교제하기 때문이고 다른 하나는 믿음의 친구들끼리 복음의 교제를 할 수 있기 때문입니다.

복음의 교제, 들어 보셨습니까? "이성교제" 이런 것은 쉽게 이해가 되는데 복음의 교제는 이해가 되십니까?

복음의 교제란 어떤 것일까요? "복음의 교제"란 복음을 위해서 서로 말씀을 나누고 기도하는 것을 의미합니다.

사도 바울은 빌립보 교인들과 복음의 교제를 나누었습니다. 그래서 바울은 감옥이란 어렵고 힘든 현실 속에서도 기쁨과 웃음을 잃지 않을 수 있었습니다. 바울은 아마 감옥에서도 유머의 대가로 알려졌을 것입니다. 그 비결이 무엇입니까? 예수님 안에 있었을 뿐 아니라 그리스도인들과 복음의 교제를 나누었기 때문입니다. 그는 빌립보서 1장 5절에서 이렇게 말씀합니다.

"첫날부터 이제까지 복음에서 너희가 교제함을 인함이라."

그렇습니다. 그리스도인들 간의 교제는 바울에게 기쁨을 준 것처럼 우리 자녀들에게도 진정한 기쁨을 줄 수 있습니다. 자녀가 우울한 삶에서 벗어나 다른 사람에게 기쁨을 주며 세상을 이끄는 리더로 살기 바란다면 그리스도인 간의 교제를 나눌 수 있도록 해 주어야 합니다.

죽음의 수용소로 알려진 나찌의 수용소에서 살아 남아 수많은 사람들에게 희망과 기쁨을 주고 있는 빅터 프랭클은 수용소에서 이런 글을 남겼습니다.

말씀의 거울

"마음의 즐거움은 얼굴을 빛나게 하여도 마음의 근심은 심령을 상하게 하느니라"(잠15:13).
"마음의 즐거움은 양약이라도 심령의 근심은 뼈로 마르게 하느니라"(잠17:22).

"유머란 영혼의 무기다. 유머가 단지 몇 초에 지나지 않는 것이라 할지라도 인간에게 그 구조상 다른 어떤 것에서도 얻을 수 없는 초연함과 어떠한 상황에서도 일어설 수 있는 능력을 부여해 준다."

그렇습니다. 진정한 유머란 단순한 웃음이 아닙니다. 그리스도인의 능력입니다. 어떤 고난과 역경 속에서도 일어설 수 있는 그리스도인의 능력입니다.

하지만 문제는 오늘날 우리 자녀들이 이 유머의 능력을 잃어버렸다는 것입니다. 조금만 힘들면 좌절하고 세상에서 도피해 컴퓨터 게임에 몰두하고 있습니다. 학교 가기를 두려워하고 세상을 대항해 일어서지 못하고 있습니다.

우리 자녀들에게 유머의 능력을 키워 주어야 합니다. 참된 기쁨의 원천이신 예수 그리스도 안에서 오는 웃음의 능력을 가진 그리스도인들의 교제를 경험하게 해 주어야 합니다. 그렇게 할 때 우리 아이들은 거친 파도와 바람이 불더라도 한 번의 웃음으로 일어서 높은 하늘을 향해 비상할 수 있습니다.

자녀를 위한 기도문

"항상 기뻐하라고 말씀하신 하나님!

저의 욕심과 연약함 때문에

어두운 가정이 되지 않게 하소서.

저희 자녀들이 언제나 마음의 여유를

잃지 않게 하시고

건강한 유머의 대가가 되어

사람과 공동체를 세우는 사람이 되게 하소서.

예수님의 이름으로 기도합니다. 아멘."

05

믿음의 기반 위에서
습관을 개혁하라

당신의 습관을 최대한 다스리십시오. 그렇지 않으면 습관이 당신을 지배하게 됩니다.
- 스웨덴 속담

「영국 종교 개혁사」를 쓴 영국의 역사학자인 버네트에게는 집에서 포기한 방탕한 아들이 있었습니다. 그런데 어느 날 저녁, 아들이 평소와 달리 심각한 고민에 빠져 있는 것입니다. 버네트는 아들에게 무엇을 그렇게 골똘히 생각하고 있냐고 물었습니다. 그러자 아들은

"아버지의 종교 개혁사보다 더 중요하고 위대한 일에 대해 생각하고 있습니다."

아들의 말에 놀란 아버지는 "그것이 무엇이냐?"고 다시 물었습니다.

그러자 그는 "바로 제 자신을 개혁하는"것입니다. 라고 대답했다고 합니다.

그가 누구인지 아십니까? 바로 영국의 유명한 법률가 토머스 버네트입니다.

그렇습니다. 인생에 있어서 가장 위대한 일이 있다면 그것은 다른 사람을 변화시키기 전에 자신을 변화시키는 것입니다. 이런 변화는 위대한 목표만 세웠다고 해서 되는 것이 아니라 행동하는 실행의 힘에 의해 결정됩니다. 실행의 힘이 무엇입니까? 바로 좋은 습관입니다.

다시 말해서 좋은 습관을 가질 때 자신을 개혁할 수 있고 목표를 이루어 나갈 수 있다는 말입니다.

이런 사실을 알고 있는 부모들은 자녀를 양육할 때 습관을 중요하게 여깁니다. 어릴 적부터 자녀들이 좋은 습관을 가질 수 있도록 훈련하는 데 관심을 갖고 있습니다.

문제는 자녀들이 좋은 습관을 갖게 되길 원하는 부모들은 많지만 좋은 습관을 가질 수 있도록 훈련하는 부모들은 별로 없다는 것입니다. 그래서 자녀들이 학원과 과외를 비롯해 사교육을 받으며 나름대로 성공적인 인생을 향해 뛰고 있지만 성공적인 인생을 살아가지는 못하고 있습니다.

그러기에 자녀의 건강한 성공을 바라는 부모라면 무엇보다 시간이 더 흐르기 전에 자녀들이 좋은 습관을 가질 수 있도록 훈련해야 합니다.

그렇다면 부모가 어떻게 자녀들이 좋은 습관을 가질 수 있도록 훈련할 수 있을까요? 먼저 부모가 좋은 습관을 갖고 있어야 합니다.

부모들은 자녀들이 좋은 습관을 갖기를 원합니다. 일찍 일어나는 습관, TV를 보지 않는 습관, 정리 정돈을 잘하는 습관, 집중해서 책을 읽는 습관, 공부하는 습관 등 좋은 습관이 자녀의 몸에 배기를 원합니다. 그러나 게으름을 피우는 부모 밑에서 일찍 일어나는 습관을 가진 아이들이 없고, TV를 보는 습관이 있는 가정에서 책 읽는 습관을 가진 아이를 찾을 수 없듯이 좋은 습관이 배여 있지 않은 부모 밑에서 좋은 습관을 가진 자녀를 찾기란 힘듭니다.

그러기에 자녀가 좋은 습관을 갖기 원한다면 부모 자신이 먼저 좋지 않은 습관과 단절해야 합니다.

부모가 어떻게 자녀들이 좋은 습관을 가질 수 있도록 훈련할 수 있을까요? 습관이 배일 때까지 동기부여를 해 주어야 합니다. 동기부여가 되지 않은 훈련은 오래 갈 수 없습니다. 대부분 가정에서 자녀들의 습관을 바꾸는 데 실패하는 이유는 동기부여 없는 단순한 요구로 아이들을 바꾸려 하기 때문입니다.

무조건 '게임 하지 마라', 'TV 좀 그만 봐라', '방을 정리해라', '하루 3시간씩 공부해라'고 말하는 것으로는 아이들의 습관을 바꿀 수 없습니다.

습관은 자신을 개혁하는 것입니다. 그저 큰 결심 한 번 했다고 해서 바뀌는 것이 아닙니다. 오히려 자신의 결심이 무너지는 것을 경험하게 될 때 아이들은 자포자기 하게 되고 자신은 습관을 바꿀 수 없다고 생각하게 됩니

예배드리는 자녀가 성공한다

다. 그러기에 자녀들이 나쁜 습관을 버릴 때까지 비전과 목표를 제시하며 계속 동기부여를 해 주어야 합니다.

물론 동기부여를 했다고 해서 아이들의 습관을 쉽게 바꿀 수는 없습니다. 함께 뛰어 주어야 합니다.

제가 수영으로 건강을 찾으려는 사람들이 실패한 이유를 물어 본 적이 있습니다. 그때 모든 사람들의 공통적인 이유는 '혼자 하려니까 재미가 없다'는 것이었습니다. 그렇습니다. 혼자 하는 것은 쉽게 포기하게 되지만 같이 하면 꾸준히 할 수 있습니다. 전도서 4장 12절은 말씀하고 있습니다.

"한 사람이면 패하겠거니와 두 사람이면 능히 당하나니 삼겹줄은 쉽게 끊어지지 아니하느니라."

마지막으로 자녀들에게 좋은 습관이 배게 하고 싶다면 격려와 칭찬을 아끼지 말아야 합니다. 자녀들이 습관을 바꾸려 하다 보면 쉽게 무너지는 것을 볼 수 있습니다. 그때 '내 그럴 줄 알았다. 며칠 가겠니?'라는 말은 아무

말씀의 거울

"예수께서 나가사 습관을 좇아 감람산에 가시매 제자들도 좇았더니"(눅22:39).

런 도움이 되지 않습니다. 오히려 좋은 습관을 가지려는 마음을 한 번에 무너뜨립니다.

좋은 습관을 갖게 하고 싶다면 바꾸려고 노력하는 자녀의 모습을 찾아 칭찬해야 합니다. 그렇게 할 때 자녀들은 할 수 있다는 믿음을 갖게 되고 습관이 점차 바뀌게 됩니다.

세계적인 베스트셀러 가운데 「백만 불짜리 습관」이라는 책이 있습니다. 브라이언 트레이시 인터내셔널사 회장으로, 세계적인 비즈니스 컨설턴트이자 성공전략 전문가인 브라이언 트레이시가 자신의 경험과 교육 성과를 바탕으로 성공의 근본 요인이 습관임을 제시한 좋은 책입니다.

트레이시는 모든 성공과 실패의 95%를 습관이 결정한다고 주저 없이 말합니다. 성공하는 사람은 성공하는 습관을, 실패하는 사람은 실패하는 습관을 가졌다는 것입니다. 습관은 배울 수 있기 때문에 성공한 사람의 습관을 따라 익히면 누구든 성공할 수 있으며 반복과 연습을 통해 현재의 나쁜 습관이 형성된 것과 똑같은 학습과정을 통해 실패하는 습관을 성공하는 습관으로 고칠 수 있다고 도전합니다.

지금 우리 자녀가 아무리 좋지 않은 습관을 갖고 있다 할지라도 낙심할 필요가 없습니다. 습관을 바꾸려다 쉽게 포기하고 마는 나쁜 습관 때문에 자신을 변화시킬 엄두가 나지 않더라도 절망할 필요가 없습니다. 주님 안에서 모든 것을 할 수 있다는 믿음을 갖고 오늘 자녀를 위해 좋은 습관을 가르

예배드리는 자녀가 성공한다

치는 부모가 되기를 결심하십시오. 그리고 인내를 가지고 자녀와 함께 습관 바꾸기를 시작한다면 자녀의 습관은 반드시 바뀔 수 있습니다. 습관에 대한 글 하나를 소개합니다.

나는 당신의 생애를 무너뜨릴 수 있습니다. 내 억센 틀에 당신을 가두어 당신을 비참하게 영원한 포로로 만들 수 있습니다.

내 이름은 습관입니다.

나는 날마다 조금씩만 당신을 좀먹고 있습니다. 머지않아 나의 쇠사슬에 당신은 완전히 얽어 매일 것입니다. 나는 당신을 속으로 곪게 하기 때문에 잘 보이지 않습니다.

내 이름은 습관입니다.

나는 당신을 쉽게 게으름뱅이로 만들 수 있고 병자로 만들 수도 있습니다. 나는 또한 당신을 쉽게 싸움꾼으로 만들 수도 있고 도둑으로 만들 수도 있습니다.

내 이름은 습관입니다.

1994년 4월 15일 초판 발행 이후 무려 70개국에서 2,500만 부 이상 판매된 초대형 베스트셀러, 스티븐 코비의 「성공하는 사람들의 7가지 습관」을 기억하십니까? 왜 이렇게 많은 사람들이 읽었을까요? 성공적인 인생에서 습관만큼 중요한 것이 없기 때문입니다.

자녀를 위한 기도문

"자녀는 부모의 거울임을

잊지 않게 하소서.

자녀와 함께 나 자신을 개혁하는

멋진 부모가 되게 하소서.

나의 실수와 연약함을 인정하고

함께 극복해 가는

부모가 되게 하소서.

예수님의 이름으로 기도합니다. 아멘."

형통 지수는 학업성취도로
측정할 수 없다

가정에서 부도덕한 일을 하는 것은 과일에 벌레가 붙은 것과 같다.
알지 못하는 사이에 퍼져 가므로. – 탈무드

　　　　우리나라 중·고등학생의 절반이 학교 수업을 따라
갈 수 없을 정도로 학력 수준이 낮으며 10명 중 1명은 국
어, 영어, 수학, 과학, 사회 등 5개 주요과목 중 한 과목 이
상에서 학습 이해력이 사실상 거의 없는 기초학력 미달자로 나타났습니다.
　특히 상급학교로 올라갈수록, 학력 수준은 더욱 떨어지고 있었습니다.
이 같은 결과는 교육인적자원부가 한국교육과정평가원 주관으로 2003년
10월말 전국 초등 6년과 중3, 고1년생의 573개교 1만 8843명을 대상으로
'국가수준 학업성취도' 평가를 분석한 결과였습니다.

이에 대학들은 정부의 평준화 정책으로 얻어진 결과라며 지나친 정부의 교육 간섭 정책을 비판하고, 부모들은 자녀들의 사교육비를 충당하기 위해 허리가 휘어지고 경제 능력이 있는 사람들은 조기 유학으로 출구를 찾고자 혈안이 되어 있습니다.

이런 흐름은 그리스도인도 예외가 아니어서 한때 기독교 서점가에는 '무슨 학습법'이라는 책이 불티나게 팔린 적이 있습니다. 대학 입시에 성공한 누군가가 제시한 학습법에 관한 책을 읽으면 자신의 자녀들이 공부를 잘하게 될 것이고 미래를 보장받을 수 있다는 착각 때문이었습니다.

그 후 '무슨 학습법'이라는 책은 줄을 이어 나왔고 아직도 일반 서점은 물론 기독교 서점에서도 자녀 양육 코너에 중요한 자리를 차지하고 있습니다. 과연 학습법에 관한 책을 읽으면 우리 자녀가 형통한 인생을 살 수 있을까요?

한국이라는 땅에 발을 딛고 사는 부모들 중에 누군들 입시라는 틀에서 자유로울 수 있을까요? 학력위주의 사회 풍토에서 부모라는 이름으로 사는 사람이라면 너나 할 것 없이 자녀가 공부 잘하기를 원하는 것은 지극히 당연한 바람일 것입니다.

안타까운 사실은 우리 자녀들이 형통한 인생을 사느냐 마느냐의 관건은 학습법에 있는 것이 아니라 가정교육에 있다는 것을 부모들이 간과하고 있다는 것입니다. 그래서 많은 부모들이 가정에서의 교육에 대한 책임을 깨닫지 못하거나, 어떻게 자녀를 양육해야 하는지 지혜를 갖지 못한 채 자녀들을 학원에 보내거나 성공적인 비법을 가진 학습법에 의지하고 있습니다. '자녀의 성적, 초등학교 때 결정된다', 'S대를 가는 비법', '영재 교육' 등을 읽으면서 자녀들의 성적이 오르기를 기대하고 있습니다.

하지만 위대한 정치가 윈스턴 처칠은 어린 시절 우둔했습니다. 처칠은 자신의 밥벌이조차 못할 멍청한 놈이라는 판단을 들으며 살았습니다. 토마스 에디슨도 마찬가지였습니다. 에디슨을 처음 가르쳤던 교사는 그를 구제 못할 열등생으로 판정했습니다. 아인쉬타인도 마찬가지였습니다. 아인쉬타인은 수학을 제외한 고등학교 전 과목에서 성적이 형편없이 나빴습니다. 그래서 그를 가르쳤던 교사는 "아인쉬타인, 너는 결코 아무 것도 될 수 없을 거야"라고 말하면서 자퇴를 권고할 정도였습니다. 위대한 믿음의 지도자 링컨도 그랬습니다. 그의 학력은 내세울 만하지 못했습니다. 하지만 이들 모두 하류인생이 아니라 인류를 이끌어 가는 지도자로 살았습니다.

자녀의 형통은 학습법이나 사교육에 있는 것이 아닙니다. 오늘날 정치, 경제, 사회, 문화 등 여러 분야에서 두각을 나타내며 막강한 영향력을 행사하고 있는 유태인들의 교육은 사교육과 학습법으로 만들어지지 않았습니다. 유태인들의 가정교육이 영향력 있는 자녀들을 길러 낸 것입니다. 유태

말씀의 거울

"주의 말씀은 내 발에 등이요 내 길에 빛이니이다"(시119:105).

인들은 '영재교육'이나 '학습법의 비밀'에 관심을 두지 않았습니다.

그들은 가정교육에 힘을 기울였습니다. 자녀들이 지혜로운 인간으로 살아갈 수 있도록 성경과 탈무드와 같은 지혜서에서 교훈을 얻어 자녀들을 가르친 것입니다. 그 결과 오늘날 유태인들은 세계에서 가장 영향력 있는 민족으로 살아가고 있습니다.

정부가 교육의 평준화냐 차별화냐를 놓고 줄다리기를 하고 있는 것은 참 안타까운 일입니다. 달란트의 비유에서 알 수 있듯이 재능이 다르고 받은 은사가 다 다릅니다. 하루 빨리 정부가 인재를 키우기 위해 지혜롭게 이 문제를 해결할 수 있기를 기도합니다.

그것보다 더 중요한 것은 가정교육의 회복입니다. 우리 아이들이 하나님이 주신 인생의 목적을 발견하고 그 목적을 성취해 가는 용기와 지혜를 가진 형통한 자녀들이 될 수 있도록 부모들은 가정교육의 책임을 느껴야 합니다.

정부의 잘못된 교육정책을 비난하며 자녀들에게 사교육을 시키거나 유학을 보내면 모든 것이 해결될 것이라는 그릇된 생각은 버려야 합니다. 학습법에 대한 관심을 갖기에 앞서 하나님의 관점에서 자녀들을 바라보며 성경의 지침을 따라 가정에서 양육할 수 있는 부모로서 훈련 받고 있는가를 먼저 살펴야 합니다. 그렇게 할 때 우리 자녀들은 세속적인 관점에서의 성공이 아니라 하나님의 관점에서 형통한 인생을 살게 될 것입니다.

자녀를 위한 기도문

"세속적인 성공이 아니라
하나님 보시기에 형통한 인생을 살아가는
자녀가 되게 하여 주소서.
하나님의 말씀이 자녀를 위한
인생 최고의 교과서임을 잊지 않게 하소서.
예수님의 이름으로 기도합니다. 아멘."

섬김으로써 섬김을
가르치라

하찮은 위치에서도 최선을 다하라. 말단에 있는 사람만큼 깊이 배우는 사람은 없다.
— S. D. 오코너

어릴 적 저희 때의 부모들이 자녀를 위해 자주 하시는 기도가 있습니다.

"하나님, 우리 아이가 머리가 될지언정 꼬리가 되지 않게 하옵소서."

부모들이 왜 이렇게 기도했을까요? 지위가 높아져 부와 권력과 명예를 갖고 위대한 사람으로 쓰임 받기 원하셨기 때문입니다.

하지만 과연 세상의 높은 지위에 오르는 것이 위대해지는 것일까요? 최근 이런 우리들의 생각을 깨고 사회에 회자되고 있는 주제가 있습니다. 바로 "서번트 리더십"입니다.

월마트, 마이크로소프트, 사우스웨스턴 항공, 인텔, 휴렛 팩커드 등 〈포춘〉이 선정한 2001년 일하기 좋은 100대 기업의 경영철학이 바로 "섬김의 리더십"이었던 것입니다.

그렇다면 어떻게 섬기는 사람이 리더라는 생각을 한 것일까요? 피터 드러커와 스티븐 코비를 비롯해 현존하는 리더십의 대가들에게 가장 큰 영향을 준 리더십의 대가 로버트 그린리프의 「서번트 리더십」이라는 책 때문이었습니다.

헤르만 헤세의 「동방 순례」를 읽던 그린리프가 책의 주인공인 레오라는 서번트의 영향력, 다시 말해서 레오의 섬김이 사라지자 사람들이 일대 혼란에 빠지고 여행 자체를 포기하게 되는 것을 보고 섬기는 사람이 리더라는 생각을 하게 된 것입니다.

그렇습니다. 위대한 사람이 된다는 것, 그것은 섬김을 받는 높은 지위에 올라가는 것이 아니라 한 평생 다른 사람을 섬기며 사는 것입니다.

우리 자녀 세대에게 가장 부족한 것이 바로 섬김입니다. 가정에서 부모의 지나친 사랑으로 아이들은 대접받기는 좋아하지만 다른 사람을 섬기는 법은 배우지 못했습니다.

한번은 학교에서 교장 선생님이 아이들에게 애교심을 가르치기 위해 손수 청소 도구를 들고 교정을 다녔다고 합니다. 그렇게 하면 아이들도 자신을 따라 청소를 할 것이라고 생각한 것입니다. 그런데 아이들은 교장 선생님처럼 청소를 하는 게 아니라 "선생님, 여기도 있는데요"라고 하더라는 것입니다.

이 웃지 못할 에피소드가 의미하는 것이 무엇입니까? 아이들이 자신의 몸을 움직여 남을 섬기는 일에 훈련되어 있지 않다는 것입니다. 아니 생각조차 못하고 있습니다. 자녀들에게 무엇보다 섬김을 가르쳐야 합니다. 내신을 올리고 언어 능력을 키우는 것보다 더 중요한 것은 바로 섬김을 가르치는 일입니다.

그렇다면 어떻게 우리 자녀에게 섬김을 가르칠 수 있을까요? 높아지는 것만이 성공이 아님을 가르쳐야 합니다.

해외에 유학 가 있는 청소년들에게 복음을 전하기 위해 캐나다 유스 코스타에 갔을 때 일입니다. 주님을 만나고 주님처럼 높아지려는 마음을 포기한 한 사람이 섬기고 있는 공동체를 방문한 적이 있습니다. 바로 헨리 나우웬이 있었던 '데이 브레이크' 공동체였습니다.

많은 사람들에게서 존경받는 하버드 대학의 교수였고 베스트셀러 제조기로 부와 명예를 보장받으며 살던 나우웬이 하버드 대학의 교수직을 버리고 들어간 정신지체아 보호시설입니다. 그는 그곳에서 살면서 정신 지체아들의 대소변을 받아 내고 그들의 몸을 씻기며 행복해 했다고 합니다.

그렇다면 단 한 번도 정상의 자리를 누군가에 내어 준 적이 없을 만큼 탁월한 사람, 헨리 나우웬은 왜 그렇게 살았을까요? 그래서 사람들이 물었습니다.

"도대체 왜 유명한 교수님께서 제자들을 가르치지 않고 엉뚱한 일을 하십니까?"

그러자 헨리 나우웬은 빙그레 웃으며 대답했다고 합니다.

"나는 그동안 성공과 인기라는 이름의 꼭대기를 향해 오르막길만 달려갔습니다. 그러나 어느 날, 한 장애우를 만난 후, 내리막길을 통해서만 예수 그리스도를 만날 수 있다는 사실을 깨달았습니다. 오르막길에서는 나만 보일 뿐입니다. 예수님께서는 낮고 겸손한 사람들과 함께 지내시길 원하셔서 낮은 곳을 찾으십니다. 그러기에 겸손하게 낮은 곳을 찾는 사람은 예수님을 쉽게 만날 수 있으며 하나님의 큰 은혜를 누리게 될 것입니다."

사랑하는 여러분, 왜 우리 자녀들이 섬김을 배우지 못합니까? 이유는 간단합니다. 높아지는 것이 성공이라고 배웠기 때문입니다. 높아지는 것이 성공이 아니라 낮아지는 것이 성공이라고 가르쳐야 합니다. 그렇게 할 때 우리 자녀들은 성공적이고 위대한 인생을 살아갈 수 있습니다.

D. L. Moody 목사님은 "사람의 위대함은 그가 얼마나 많은 종을 데리고 있느냐가 아니라 오히려 그가 얼마나 많은 사람들을 섬기는가에 따라 판가름 난다"고 말씀하셨습니다.

말씀의 거울

"인자가 온 것은 섬김을 받으려 함이 아니라 도리어 섬기려 하고 자기 목숨을 많은 사람의 대속물로 주려 함이니라"(막10:45).

그러나 세상은 그렇지가 않습니다. 2000년 6월 통계청은 한국인이 섬김을 위해 쓰는 시간을 조사했는데 단 6분이었다고 합니다. 무슨 말입니까? 섬김보다는 섬김을 받는 것을 더 좋아하는 세상이라는 말입니다. 이런 세상에서 누가 섬김의 삶을 살아가려고 하겠습니까? 섬기는 것이 위대해지는 세상이 아니라 섬기면 바보 취급을 받는 세상에서 누가 섬김의 자리에 앉으려 할까요?

그럼에도 우리는 왜 섬겨야 합니까? 왜 높은 자리에 오르려는 야망을 포기하고 고난의 길을 걸어가야 합니까? 그것은 우리 크리스천의 인생의 목적이 바로 섬김이기 때문입니다. 섬김을 받는 것이 우리의 목적이 아니라 섬기는 것이 우리의 목적이기 때문입니다.

왜요? 왜 섬김이 인생의 목적입니까? 바로 우리 인생의 주인이라고 고백한 예수님의 삶의 목적도 섬김이었기 때문입니다. 예수님이 마가복음 10장 45절에서 말씀하신 것을 기억하십니까?

"인자가 온 것은 섬김을 받으려 함이 아니라 도리어 섬기려 하고 자기 목숨을 많은 사람의 대속물로 주려 함이니라."

그렇습니다. 주님은 섬기러 오셨습니다. 주님을 따르는 우리 인생의 목적도 섬김이 되어야 합니다. 그렇게 살 때 우리 자녀들은 위대한 인생을 살수 있습니다.

자녀를 위한 기도문

"예수님의 섬김을 배우게 하소서.
섬김의 삶으로 예수님을
드러내는 자녀가 되게 하소서.
섬김의 리더십으로
여러 사람들을 주님께 이끄는
리더가 되게 하소서.
예수님의 이름으로 기도합니다. 아멘."

자녀교육 성공비결 5.

자녀 스스로 행복을
창조하게 하라

"믿음의 가정의 모델은 천국이다"

완벽하게 행복할 여건을 만들어 주는 것이
성공적인 자녀 양육의 완성이라는 생각은 착각입니다.
하나님 안에서 스스로 행복을 창조하고 주변에
나눠 줄 줄 아는 사람으로 성장할 때 비로소
그 가정의 자녀 양육은 성공적으로 완성되는 것입니다.

01

가정을 통해
천국의 기쁨을 경험하게 하라

행복한 가정은 모두 비슷하지만 불행한 가정은 각각 다르다. – 톨스토이

오늘날의 가정을 해체가족이라고 말합니다. 산업사
회로 넘어 오면서 대가족에서 핵가족으로 넘어 온 현대사
회는 이제는 핵가족이 아니라 해체가족이 되었습니다. 이
런 시대에 우리는 보다 많은 성공과 풍요를 누리고 있는 것 같지만 가족의
해체로 더 많은 외로움과 상실감을 느끼며 살아가고 있습니다.

통상 22승을 달성해 LPGA투어 명예의 전당에 들어갈 수 있게 된 세계적
인 골퍼 박세리 선수가 2001년 1월 15일 한 주간 신문과의 인터뷰에서 기
억에 남는 말을 했습니다. 결혼 계획을 묻는 질문에 그녀가 한 대답입니다.

예배드리는 자녀가 성공한다

"골프는 혼자서 싸우는 경기다. 항상 외로움을 느낀다. 솔직히 좋은 사람을 만나면 빨리 결혼하고 싶다. 애써 짝을 찾겠다는 것은 아니지만, 날 반겨줄 남편과 자식이 있었으면 좋겠다. 아무리 일해서 성공하더라도 후일 자신을 챙겨 줄 가족이 없다면 불행해질 수밖에 없다고 생각한다."

그렇습니다. 아무리 세상에서 성공을 거둔다 할지라도 가족이 없으면 불행할 수밖에 없습니다.

물론 가족이 있어서 행복을 경험하기도 하지만 어떤 경우는 가족 때문에 힘들고 어려운 시간을 보내기도 합니다. 부부가 이혼한 가정, 부모가 자녀를 학대하는 가정, 자녀가 부모를 존경하지 않는 가정, 이런 가정은 어쩌면 행복의 이유가 되기보다는 상처와 아픔의 원인이 될 수 있습니다.

꼭 그렇지 않다 하더라도 가족간의 사랑이 끊어진 가정, 서로 격려하고 격려 받지 못하는 가정, 대화가 끊어진 가정이라면 우리는 그 가정에서 기쁨보다는 슬픔과 아픔을 찾기가 더 쉬울 것입니다.

통계청의 2000년 통계에 따르면 매년 낙태아가 200만 명으로 출생아 수의 3배를 넘어서고 있습니다. 또 한국 여성의 38%가 가정 폭력을 경험하고 있다고 합니다. 가정 폭력은 잘 신고 되지 않는 점을 감안할 때 전문가들은 적어도 50%이상이 될 거라고 추정하고 있습니다.

같은 해 이혼 가정의 미성년자가 이미 10만 여명을 넘어섰으며 가출 충동을 경험한 청소년들이 76.4%, 가출이 가능하다고 대답한 아이들이 83%에 이르러 우리 가정의 심각성을 보여 주고 있습니다.

게다가 아버지가 자신의 김밥을 먹었다고 아버지를 찔러 죽인 어처구니없는 사건은 우리 시대의 가정이 어떻게 돼 가고 있는지를 극명하게 보여 주는 사건이었습니다. 모든 사람들이 천국과 같은 가정을 꿈꾸지만 오히려 지옥과 같은 가정, 서로 무관심한 채 살아가는 불행한 가정이 돼 가고 있습니다.

더욱 심각한 것은 그리스도인의 가정도 예외가 아니라는 것입니다. 그리스도인들 가정의 이혼 역시 더 이상 놀랄 일이 못 되고 있습니다. 청소년들을 지도하면서 부모에게 가장 바라는 것이 무엇인지 질문을 던졌을 때 상당히 많은 아이들이 부모님들이 부부싸움을 하지 않는 것이라고 대답했습니다.

교회에서는 좋은 집사님이지만 가정에서는 좋은 부모가 되어 주지 못하고 있는 것입니다. 더 큰 우려는 이런 것을 보고 자라는 아이들이 폭력적이고 반항적인 문제를 안은 채 자란다는 사실입니다. 하나님이 인간에게 주신 가장 아름답고 행복해야 하는 가정이 심각한 지경에 이르렀습니다.

이런 시대에 그리스도인으로서 가장 중요한 책임이 있다면 그것은 자신의 가정을 바로 세우는 일입니다. 하나님께서 그리신 것처럼 천국과 같은 가정이 되는 것입니다. 가정의 성공이 없이는 인생과 직장에서의 성공은 진정한 성공이라고 할 수 없기 때문입니다.

「성공하는 가족들의 7가지 습관」이라는 책에서 스티븐 코비는 "만일 우리가 사회의 다른 모든 분야에서 최선을 다하면서 가족을 등한시한다면, 그것은 가라앉고 있는 타이타닉 호에서 갑판 의자를 가지런히 정돈하는 것과 마찬가지가 될 것이다"라고 현대의 가정을 향해 애정 어린 충고를 했습니다.

예배드리는 자녀가 성공한다

저는 스티븐 코비의 말을 그리스도인 가정이라는 현장에서 목격하고 있습니다. 사회적인 성공을 거두었지만 부부생활은 물론 부모 자녀간의 관계가 산산이 조각나 절망에 빠진 사람들을 만나고 있습니다. 그러기에 우리는 무엇보다 빨리 가정을 세워야 합니다. 하나님이 원하시는 천국과 같은 가정을 세워야 합니다. 천국과 같은 가정을 만드는 것이야말로 무너진 학교 교육과 불투명한 교회의 미래를 온전하게 일으키는 첫걸음이 되기 때문입니다.

그렇다면 어떻게 우리의 가정이 천국과 같은 가정이 될 수 있을까요? 마태복음 13장 44절은 천국에 대한 비유를 들어 말씀해 주고 있습니다.

"천국은 마치 밭에 감추인 보화와 같으니 사람이 이를 발견한 후 숨겨 두고 기뻐하여 돌아가서 자기의 소유를 다 팔아 그 밭을 샀느니라."

여기에서 우리의 가정을 천국과 같은 가정으로 만드는 비결을 발견할 수 있습니다. 어떤 가정이 천국과 같은 가정일까요? 물질적인 풍요가 있는 가정일까요? 아닙니다. 천국과 같은 가정은 감추인 보화이신 예수님을 발견

말씀의
거울

"마른 떡 한 조각만 있고도 화목하는 것이 육선이 집에 가득하고 다투는 것보다 나으니라"(잠17:1).

한 가정입니다.

많은 사람들은 물질적 풍요를 얻으면 가정이 더 행복해 질 거라고 생각합니다만 그것은 착각입니다. 천국과 같은 가정은 돈이면 행복해질 수 있다고 생각하는 사람들에게는 숨겨져 있습니다.

저는 돈은 많지만 아빠를 존경하지 않는 아이들을 수없이 상담하고 있습니다. 물론 가정의 안정된 생활을 위해서는 돈이 필요합니다. 하지만 돈이 가정의 행복을 위한 필요충분조건은 아니라는 말입니다.

베드로전서 2장 7절은 예수 그리스도가 우리에게 보배라고 말씀해 주고 있습니다. 또한 사도 바울은 그리스도 예수를 모신 우리를 가리켜 "우리가 이 보배를 질그릇에 가졌으니"라고 말씀해 주고 있습니다.

무슨 말입니까? 보배는 바로 예수 그리스도라는 말입니다.

그러므로 우리 가정이 천국과 같은 가정이 되고자 한다면, 천국에서 누릴 수 있는 행복을 누리고자 한다면 가족 구성원 모두가 감춰진 보배이신 예수님을 발견해야 합니다.

예수님이 주인이 되어 부부간에 서로 섬길 때 우리는 그 가정을 천국과 같은 가정이라고 말할 수 있습니다. 예수님의 사랑을 알기에 자녀들을 세속적인 가치관으로 판단하지 않고 예수님의 사랑으로 사랑해 줄 때 우리는 그 가정이 바로 천국이었다고 말할 수 있습니다. 자녀들이 예수를 믿는 십대로 변화되어 부모의 말씀에 순종하는 아름다운 모습이 있을 때 우리는 그 가정이 바로 천국이었다고 말할 것입니다.

자녀를 위한 기도문

"물질로는 행복한 가정을

만들 수 없음을 깨닫게 하소서.

오직 예수님 때문에

행복한 가정 되게 하소서.

천국의 행복이 가득한 가정

천국과도 같은

가정이 되게 하소서.

예수님의 이름으로 기도합니다. 아멘."

지혜롭지 못한 희생은
자녀를 망칠 수도 있다

승자의 주머니 속엔 꿈이 있고, 패자의 주머니 속엔 욕심이 있다. - J. 하비스

2003년 '여보 사랑해'라는 말을 남긴 채 스스로 목
숨을 끊은 한 가장의 안타까운 일이 있었습니다. 아내와 두
자녀를 외국으로 보낸 '기러기 아빠' 신씨가 스스로 목숨을
끊은 것입니다.

신씨는 초등학교와 유치원에 다니는 남매와 사랑하는 아내를 캐나다로
조기 유학을 보낸 뒤 그 후유증으로 방황하다 올해 초 우연히 만난 여성과
불륜 관계를 맺었습니다. 이를 알게 된 아내는 간통죄로 그를 고소했고 결
국 파국을 맞이했습니다.

설상가상으로 당시 신씨는 사업상 어려움을 겪어 자녀 학비를 대기도 빠듯했고 직원 월급 또한 수개월 밀린 데다 신씨의 파경으로 어머니가 쓰러지자 죄책감을 이기지 못하고 그만 자신의 사무실에서 넥타이로 목을 매고 만 것이었습니다. 그의 유서에는 '여보 사랑해요. 잘 살아요. 미안해요.' 라는 글이 적혀 있었습니다.

한 가장의 소박한 꿈, 자녀를 잘 키워야겠다는 소박한 꿈이 산산이 부서진 현장에는 그 누구도 치유할 수 없는 아픔만이 남아 있었습니다.

세상에 모든 부모의 공통된 꿈이 있다면 그것은 자녀들이 믿음 안에서 잘 자라 이 나라와 민족의 꿈이 되는 것입니다. 그러기에 부모는 할 수만 있다면 자신의 모든 것을 걸고 희생하면서까지 자녀를 뒷바라지합니다.

하지만 세상의 모든 부모가 성공하는 것은 아닙니다. 도리어 이런 부모의 노력이 자식은 물론 가정마저 파산에 이르게 하는 경우가 많습니다.

성공적인 자녀 양육을 위해 기러기 아빠로 살면서까지 애쓴 노력이 물거품이 된 사건을 예를 들지 않아도, 자녀의 학비와 학원비를 마련하기 위해 맞벌이를 하며 온갖 궂은일을 하는 부모의 노력이 결실 맺지 못하는 것을 우리는 적지 않게 보아 왔습니다.

그렇다면 어떻게 우리의 가정이 꿈을 이루는 가정이 될 수 있을까요? 하나님의 시각을 가지고 하나님의 꿈을 심어 주는 부모가 있어야 합니다. 상황이 아무리 힘들고 어렵다 할지라도 기독교적인 가치관을 가지고 하나님의 비전을 자녀들에게 심어줄 수만 있다면 가정에 찾아온 고통은 오히려 자녀와 가정의 꿈을 이루는 도구가 될 수 있습니다.

1968년 아무 것도 할 수 없을 정도의 중증 장애 여자 아이가 태어났습니다. 독실한 크리스천이었던 여자 아이의 부모는 병원에서 아이를 보호시설에 맡길 것을 권유 받았을 때 잠시 아기를 바라 본 후 이렇게 말했습니다.

"이 아이도 하나님이 주신 아이입니다. 이 아이에겐 가족이 필요합니다."

이 아이가 누구입니까? 바로 레나 마리아입니다.

어떻게 레나 마리아가 많은 사람들에게 꿈과 소망을 주는 사람으로 살아갈 수 있었을까요? 그것은 하나님의 시각으로 자녀를 바라보며 그를 향한 하나님의 꿈을 품은 부모가 있었기 때문입니다. 레나 마리아는 고백합니다.

"오늘의 내가 있게 된 것은 바로 사랑하는 부모님과 하나님이 나를 사랑하신다는 믿음 때문이었다."

문제는 우리 부모들의 사랑이 기독교적인 가치관에서 나오는 균형 잡힌 사랑이 아니라 세속적인 가치관에 바탕을 둔 잘못된 사랑이라는 것입니다.

최근 급속한 경제 발전을 이루고 있는 중국에서도 자녀 교육 문제가 심각한 사회 문제로 대두되고 있습니다. 자녀를 하나밖에 나을 수 없는 중국에서 경제적으로 안정된 가정의 외아들은 그야말로 황제와 같은 대우를 받으며 자랍니다.

그들을 가리켜 '소황제'라고 부를 정도입니다. 자녀를 위해서 모든 뒷바라지를 아끼지 않기 때문입니다. 그런데 소위 '소황제'라고 불리는 아이들이 부모를 멸시하고 사회적인 물의를 일으키고 있는 것입니다.

중국보다 심각한 나라가 어디입니까? 바로 우리나라입니다. 부모들의 과잉 보호와 허용이 자녀를 잘못된 길로 인도하고 있습니다.

하나님의 시각으로 균형 잡힌 훈계와 사랑을 통해 하나님이 주신 비전을 가르쳐 주지 못하고 있습니다. 오직 명문을 나와 명품을 걸치고 다니는 인생이 되라고 요구합니다. 그리고 이것이 자녀의 성공을 위한 희생이요 헌신이라고 생각한다는 것입니다.

하지만 성공적인 자녀 양육은 세속적인 가치관에 바탕을 둔 성공의 길을 가게 하는 것이 아닙니다. 아이를 위해서라면 기러기 아빠를 하면서까지 뒷바라지를 해 주는 것이 아닙니다.

성공적인 자녀 양육은 명문대학을 보내 출세하는 인생의 길을 가게 하기 전에 아이들에게 그리스도 중심의 자존감을 심어 주고 하나님을 위한 꿈을 갖게 하는 것입니다.

우리 자녀들이 자신을 위해 십자가에서 죽기까지 사랑하신 예수님의 사

말씀의 거울

"너의 행사를 여호와께 맡기라 그리하면 너의 경영하는 것이 이루리라"(잠16:3).

랑을 깨닫고 자신을 소중한 존재로 여기는 그리스도 중심의 자존감을 갖게 하는 것입니다. 어려운 현실을 하나님의 꿈을 실현하는 기회로 받아들일 수 있는 자존감을 갖도록 도와주어야 합니다.

그러면 어떻게 그리스도 중심의 자존감을 가질 수 있을까요? 하나님의 자녀로 거듭나야 합니다.

자녀들이 예수님의 사랑을 깨닫고 자신의 소중함을 발견하게 될 때 그리스도 중심의 자존감을 가질 수 있습니다. 그리고 이 자존감은 어떤 고통과 어려움 속에서도 하나님이 주신 비전을 위해 이겨 나갈 수 있는 힘이 될 것입니다. 그렇다면 지금 우리 자녀들이 꿈을 갖고 살아갈 수 있도록 할 수 있는 최선은 예수님을 인격적으로 만나게 하는 것이 아닐까요?

자녀를 위한 기도문

"우리 가정을 통해

하나님의 꿈을 이루길 원하시는 주님!

과잉보호와 허용이

사랑인 줄로만 알았던

저의 무지함을 용서하소서.

균형 잡힌 훈계와 사랑으로

하나님의 비전을 이루는

작은 가정 공동체가 되게 하소서.

예수님의 이름으로 기도합니다. 아멘."

03

행복한 가정에는
자녀 양육의 열매가 있다

땅이 크고 사람이 많은 나라가 큰 나라가 아니다. 땅이 작고 인구가 적어도
위대한 인물이 많은 나라가 위대한 나라다. - 이준 열사의 연설 中

교육은 국가의 백년대계입니다. 인류 역사는 교육의
흥망이 한 국가의 흥망을 좌지우지했음을 증거하고 있습
니다. 그러기에 21세기 국가 경쟁력이 바로 교육경쟁력 확
보에 있다는 것은 너무나 자명한 사실입니다. 그러나 문제는 우리나라의 교
육경쟁력이 강하지 못하다는 데 있습니다.

최근 통계청에 따르면 전체 소비지출에서 교육비가 차지하는 비중은
1996년 10.5%에서 2004년에는 11.6%로 올라갔으며 특히 사교육비는
4.9%에서 6.6%로 증가했다고 합니다. 또한 2003년 경제협력개발기구

(OECD) 교육보고서에 따르면 GDP 대비 교육비 지출은 한국이 전 세계에서 단연 1위였습니다. 하지만 안타까운 것은 이런 막대한 교육비 투자에도 교육의 열매가 나타나지 않고 있다는 것입니다. 스위스 국제경영개발원이 발표한 우리나라의 국가 경쟁력은 60개국 중에서 35위를 했고 특히 교육경영은 44위로 뒤처지고 말았습니다. 한마디로 밑 빠진 독에 물붓기식 교육을 하고 있는 실정입니다.

이런 상황은 사회의 불안요인으로 작용할 뿐 아니라 우리 가정에도 치명적인 영향을 주고 있습니다. 부모가 함께 맞벌이를 하며 자녀들의 사교육비를 충당하고 있음에도 불구하고 자녀들이 잘 자라 주지 못하고 있다는 뜻입니다.

그렇다면 그 원인은 도대체 어디에 있을까요? 다시 말해서 어떻게 자녀교육을 하면 열매를 거둘 수 있을까요?

첫 번째로 교육비의 투자보다 자녀의 경건 훈련에 투자해야 합니다. 사교육비의 증가에 비례해서 자녀가 형통한 인생을 살 수 있다면 지금 한국은 최고의 교육경쟁력을 갖추었을 것입니다.

하지만 현실은 그렇지 않습니다. 여전히 국가 경쟁력을 말할 때 가장 걸림돌이 되는 것 중의 하나가 노사 문제와 더불어 교육 문제입니다. 무슨 말입니까? 사교육비의 투자가 자녀 교육의 성패를 좌우하는 것이 아니라는 말입니다.

실제로 많은 부모님들이 사교육의 실패를 경험하고 있습니다. 아이에게 여러 개의 과외를 시키고 있지만 성적이 올라가지 않는 경우가 많이 있습니다. 그럼에도 불구하고 과외를 시키는 이유는 과외를 한 아이들이 소위 말하는 명문대에 많이 입학하고 있다고 믿기 때문입니다.

심각한 것은 최근 서울대를 비롯한 명문대 생들의 기초학력이 너무 떨어져 자신이 전공하는 과목을 이수할 수 없을 지경에 이르렀다고 합니다. 이것은 우리 자녀들이 결국 세계 유수한 인재들과의 경쟁에서 뒤처질 수밖에 없다는 것을 예견해 줍니다. 다시 말해서 사교육비의 투자가 자녀들의 형통을 좌지우지하지 않는다는 말입니다.

그렇다면 자녀 교육의 열매를 맺기 위해 우리는 무엇을 해야 할까요? 바로 자녀들의 경건을 위한 훈련에 투자해야 합니다.

세계적인 기업일수록 도덕경영을 강조합니다. 마찬가지로 우리 자녀들을 세계적인 경쟁력을 갖춘 실력 있는 사람으로 키우길 원한다면 무엇보다 자녀들이 하나님을 경외하는 사람으로 자라도록 해 줘야 합니다.

그러나 대부분 크리스천 부모들이 경건 훈련의 중요성을 깨닫지 못하고 있습니다. 그저 땀 흘려 번 돈으로 사교육비를 대주면 열매를 맺을 수 있다고 생각합니다. 하지만 아닙니다. 시편 127편 1절은 말씀해 주고 있습니다.

"여호와께서 집을 세우지 아니하시면 세우는 자의 수고가 헛되며."

예배드리는 자녀가 성공한다

무슨 말입니까? 열매 맺는 열쇠가 수고하는 우리에게 있는 것이 아니라 주님께 있다는 것입니다. 그러기에 자녀교육의 열매를 맺고 싶다면 우리 자녀들이 하나님을 의지하고 주님의 뜻대로 살 수 있게 해 주어야 합니다. 이것이 가장 중요한 투자입니다.

어떻게 우리 자녀들이 하나님을 의지하고 그의 뜻대로 살 수 있을까요?

먼저 자녀들이 말씀을 읽도록 해야 합니다. 그것은 자녀들이 말씀을 읽을 때야 하나님의 마음을 알 수 있기 때문입니다. 방황하지 않고 자신에게 주어진 소명을 발견할 수 있을 것입니다. 야망을 위해 자신의 인생을 불사르지 않고 하나님이 주신 비전을 발견하게 될 것입니다.

두 번째로 말씀을 묵상하고 깨닫게 해야 합니다. 말씀을 깨닫지 않고는 아무리 읽어도 소용이 없습니다. 그러므로 부모는 자녀들이 말씀을 깨달을 수 있도록 성경을 잘 가르치는 교사가 되어야 합니다.

자녀를 향한 부모의 가장 중요한 의무는 자녀의 사교육비를 대는 것이

말씀의 거울

"나는 포도나무요 너희는 가지니 저가 내 안에, 내가 저 안에 있으면 이 사람은 과실을 많이 맺나니 나를 떠나서는 너희가 아무것도 할 수 없음이라"(요15:5).

아니라 자녀들이 성경을 깨달을 수 있도록 가르치는 일입니다. 그렇지 않고 자녀에게 교회생활만 강조한다면 그것은 더 심각한 결과를 낳을 뿐입니다.

세 번째로 말씀을 실천할 수 있게 해야 합니다. 하나님의 말씀은 형통의 원리입니다. 요한복음 15장 5절은 말씀하고 있습니다.

"나는 포도나무요 너희는 가지니 저가 내 안에, 내가 저 안에 있으면 이 사람은 과실을 많이 맺나니 나를 떠나서는 너희가 아무 것도 할 수 없음이라."

무슨 말입니까? 하나님의 말씀을 따라 살 때만이 많은 열매를 맺을 수 있다는 뜻입니다.

미국의 백화점 왕으로 잘 알려진 존 워너메이커는 인생에서 가장 위대한 투자가 무엇이었는가라는 질문에 어릴 적 자신의 전 재산을 가지고 작은 성경책 한 권을 산 것이라고 대답했습니다.

자녀를 위한 기도문

"세상의 성공과 신앙을

저울질 하는 부모가 되지 않게 하소서.

말씀대로 살면 최고의 열매를 맺는다는 것을

증거하는 가정이 되게 하소서.

다니엘처럼 뜻을 정하여

어떤 유혹에도 하나님의 방법이

흔들리지 않도록 하소서.

예수님의 이름으로 기도합니다. 아멘."

'세상에서 가장 아름다운 그림'을 그리라

가족이 지니는 의미는 그냥 단순한 사랑이 아니라, 지켜봐 주는 누군가가
거기 있다는 사실을 상대방에게 알려 주는 것이라네. - 「모리와 함께한 화요일」 中

세상에서 가장 아름다운 그림을 그리는 것이 소원이
었던 화가가 있었습니다. 그는 '이 세상에서 가장 아름다
운 것이 무엇일까?' 고민에 고민을 거듭했습니다. 그래도
잘 떠오르지 않았습니다. 그래서 사람들에게 물어보기로 했습니다.

첫 번째 만난 사람은 종교인이었습니다.

"세상에서 가장 아름다운 것이 무엇이라고 생각하십니까?"

종교인이 대답합니다.

"그것은 믿음입니다."

하지만 그 대답이 화가의 마음을 충족시키지 못했습니다. 그래서 이번에는 지나가는 군인에게 물었습니다.

"세상에서 가장 아름다운 것이 무엇이라고 생각하십니까?"

"평화입니다."

하지만 이것 역시 화가의 마음을 충족시키지는 못했습니다. 그래서 이번에는 사랑에 빠진 남녀에게 물어보았습니다.

"세상에서 가장 아름다운 것이 무엇이라고 생각하십니까?"

그러자 그들은 사랑이라고 대답해 주었습니다. 하지만 이 대답도 화가의 마음을 충족시키지는 못했습니다. 오히려 화가의 마음속에는 사람들에게 물어보면 볼수록 이런 질문이 떠나지 않았습니다. '이 모든 것을 다 종합할 수 있는 그런 그림이 없을까?'

그러던 어느 날, 늘 그랬듯이 호수를 거닐며, 무엇이 가장 아름다울까, 무엇을 그려야 할까 고민하다가 실의에 빠져 마음속에 아무 것도 결정하지 못하고 집으로 돌아오고 있었습니다.

'내가 원하는 그런 그림을 그리지 못하는 것은 아닐까!' 이렇게 생각하며 어느 덧 집 문 앞에 도착했습니다. 힘없이 초인종을 누릅니다. 아무 기대도 하지 않고 문을 열었는데, 아이들이 막 뛰어 놀다가 초인종 소리에 "아빠!" 하고 환한 얼굴로 뛰어 아빠의 품에 안기는 겁니다. 자녀들의 얼굴에는 아빠를 향한 믿음이 환한 웃음으로 그려져 있었습니다. 이 때 뒤에서 아내가 저녁을 짓다 말고, 젖은 손을 앞치마에 닦으면서 자기의 외투를 받아 주며

"어서 오세요"라고 반겨 주었습니다. 바로 그 아내의 모습에서 화가는 남편을 향한 따뜻한 사랑을 느낄 수 있었습니다.

그리고 바로 그 순간 그 가정에는 세상 어디에서도 느낄 수 없는 평화가 감돌고 있었습니다. 순간 화가는 이 세상에서 가장 아름다운 그림의 주제를 깨닫습니다. 바로 "가정"이었습니다.

그렇습니다. 가정은 하나님이 세상에 창조하신 것 중에 가장 아름다운 그림입니다. 우리는 가정을 통해서 천국이 어떤 것인지 경험할 수 있습니다. 또한 행복이 어떤 것인지도 경험할 수 있습니다.

하지만 오늘날 우리가 경험하는 가정의 현실은 그렇지가 못합니다. 3쌍이 결혼하면 1쌍이 이혼하는 현실, 부모와 자식간에 말이 통하지 않는 대화의 단절이 우리 가정의 모습입니다.

최근 한 TV프로그램에서 어린 시절 잘못된 길에 들어서서 소년원에 갇힌 아이들의 생활을 취재한 내용이 우리의 가슴을 아프게 했습니다. 우발적인 실수가 아닌 반복적으로 소년원에 들어오는 아이들의 50% 이상은 그 원인이 바로 부모의 불화에 있었기 때문입니다.

그러기에 가정에서 자녀들에게 줄 수 있는 최고의 선물이 있다면 그것은 바로 행복한 부부의 모습이라고 할 수 있습니다.

그렇다면 어떻게 행복을 열어가는 가정이 될 수 있을까요? 하나님을 경외하는 아빠가 있는 가정입니다. 시편 128편 1, 2절은 이렇게 말씀하고 있습니다.

"여호와를 경외하며 그 도에 행하는 자마다 복이 있도다 네가 네 손이 수고한 대로 먹을 것이라 네가 복되고 형통하리로다."

복되고 형통하리로다. 우리 모두가 얼마나 듣고 싶어 하는 말입니까? 그러나 이 행복이 어느 가정에게나 주어지는 것은 아닙니다. 어떤 가정에 주어집니까? 여호와를 경외하는 아빠가 있는 가정입니다.

바꾸어 말하면 아빠가 경건하지 않다면 그 가정에 행복은 존재하지 않는다는 말입니다. 많은 돈과 좋은 집과 차가 있을지라도 아빠가 경건하지 아니하면 그 가정에 행복은 없습니다.

두 번째로 우리의 가정이 어떻게 행복을 여는 가정이 될 수 있을까요? 열매 맺는 아내가 있는 가정입니다. 시편 128편 3절은 말씀하고 있습니다.

말씀의 거울

"할렐루야, 여호와를 경외하며 그 계명을 크게 즐거워하는 자는 복이 있도다 그 후손이 땅에서 강성함이여 정직자의 후대가 복이 있으리로다"(시112:1-2).

"네 집 내실에 있는 네 아내는 결실한 포도나무 같으며 네 상에 둘린 자식은 어린 감람나무 같으리로다."

무슨 말입니까? 하나님이 그리신 행복한 가정에는 열매 맺는 포도나무 같은 아내가 있다는 것입니다. 그렇다면 하나님이 왜 아내를 포도나무에 비유하셨을까요? 아내의 역할, 엄마의 역할을 통해서 가정이 풍성한 열매를 먹고 누릴 수 있음을 말씀하기 위함입니다.

아내의 역할은 이렇게 중요한 것입니다. 한 가정이 아내의 결실에 따라 행복한 가정이 되기도 하고 그렇지 못하기도 합니다. 그러기에 저는 아내의 표정이 바로 그 가정의 행복지수라고 말씀드릴 수 있습니다.

그런데 문제가 있습니다. 포도나무인 아내는 결코 혼자 결실을 맺을 수가 없다는 것입니다. 포도나무를 생각해 보세요. 혼자 쭉 올라가서 결실을 맺는 나무를 보신 적이 있습니까? 없습니다. 포도나무는 나무나 기둥 같은 것이 있어야 그것을 타고 올라가 결실을 맺을 수 있습니다.

무슨 말입니까? 남편의 도움 없이 아내는 결실을 맺을 수가 없다는 것입니다. 남편의 사랑이라는 버팀목이 있을 때 포도나무는 그것에 의지하여 연약한 가지에서 주렁주렁 포도열매를 맺는 것입니다. 그리고 이런 열매 중에 가장 아름다운 열매인 자녀들이 감람나무처럼 자라는 것입니다.

그렇습니다. 가정의 행복, 아니 자녀의 행복은 우리가 경제적으로 뒷바라지만 한다고 해서 되는 것이 아닙니다. 아이들을 좋은 학원에 보내고 과외를 시키는 것보다 더 중요한 것은 좋은 부부관계입니다.

최근 미국의 선두적인 기업의 CEO 90명을 대상으로 그들의 사업 성공 배경을 조사해 보았습니다. 그들은 배경이 다 다르고, 능력과 교육 수준이 각기 달랐습니다. 그런데 한 가지 공통점은 모두가 다 '건강한 가정생활'을 하고 있다는 점입니다. 하지만 현대 사회의 비극은 '좋은 집은 늘어가고 있는데, 좋은 가정은 줄어들고 있다'는 점입니다. 이런 상황 속에서 저는 여러분의 가정에 이런 마음의 그림이 있었으면 좋겠습니다.

프랑스 화가 밀레가 그린 "만종"이라는 그림입니다. 끝없는 들판에 황혼이 들녘을 물들이고 있습니다. 온종일 수고의 땀을 흘린 부부가 집으로 돌아갈 무렵에, 멀리서 교회의 저녁 종소리가 들려옵니다. 모든 일을 끝낸 부부가 종소리를 들으며 하나님 아버지께 조용히 기도하는 모습! 하루 종일 땀을 흘리고 수고를 다 한 후에, 결실을 맺게 해 주실 하나님을 바라보며 감사의 기도를 드리고 있는 모습! 저는 바로 이 모습이 행복을 여는 여러분의 가정에, 하나님이 복 주시려고 작정하고 만드신 여러분의 가정에 있기를 축복합니다.

자녀를 위한 기도문

"하나님을 경외하는
아비가 되게 하소서.
말씀을 따라 믿음의 열매를 맺는
어미가 되게 하소서.
우리 부부의 믿음의 삶을 통해
행복한 가정이 이루어지게 하소서.
예수님의 이름으로 기도합니다. 아멘."

행복한 가정은
받은 복을 이어 간다

가족에서 오는 사소한 행복이 우리의 삶을 아름답게 만든다. − 헨리 데이비드 소로

인생을 살아 가면서 모든 사람들이 원하는 것이 있다면 축복을 받는 것입니다. 그래서 신년이 시작될 때 세계 대부분의 나라에서는 서로를 축복하는 인사를 합니다.

그렇다면 여러분은 어떤 축복을 받고 싶으십니까? 보통 세상에서 높은 지위에 오르거나 돈을 많이 번 사람을 보고 복 받았다고 합니다. 하지만 성경은 축복 받은 인생을 이야기할 때 주로 행복한 가정이 있는 사람을 말합니다. 그렇습니다. 사회의 다른 모든 분야에서 성공을 누린다 해도 행복한 가정이 없다면 그 사람은 복 받았다고 말할 수 없을 것입니다.

그런데 문제는 요즘 우리의 가정들은 예전보다 좋은 집과 차, 가구를 들여놓고 살지만 무너지고 있다는 것입니다. 실제로 가정이 무너지고 있는 징후는 사회 곳곳에서 나타나고 있습니다.

예를 들면 지난 5월 가정의 달을 맞이해서 한 일간지가 가정에서 '아버지의 위상'을 조사한 결과는 우리의 가정이 얼마나 불행한가를 단적으로 보여주는 증거라고 할 수 있습니다. 조사에 따르면 청소년들은 '아버지의 언행 중 가장 싫을 때'는 욕을 할 때(31%), '가장 좋을 때'는 용돈을 줄 때(27%)고, '아버지에게서 가장 상처받은 말'은 무시하는 말투(37%), '아버지가 하신 말씀 중 가장 기분 좋았던 말은 칭찬해 주는 말(26%)이었다고 합니다.

더욱 심각한 것은 '현재 아빠를 존경하는가?'라는 질문에 62%의 청소년이 '아니오'라고 대답했다는 것입니다. 게다가 '아버지와 가장 하고 싶었던 일은 무엇인가?'라는 질문에 '없다'고 응답한 학생들이 적지 않았다는 사실입니다. 가정이 무너지고 있는 것입니다. 물질적 풍요가 오면 가정이 행복해 질 거라고 믿었던 사람들의 믿음이 얼마나 잘못된 것인가를 보여 주는 단적인 예라고 할 수 있습니다.

그렇다면 행복한 가정은 어떤 가정이라고 할 수 있을까요? 행복한 가정은 수고의 대가를 얻는 가정입니다. 시편 128편 2절은 행복한 가정의 첫 번째 모습을 이렇게 말씀하고 있습니다.

"네가 네 손이 수고한 대로 먹을 것이라 네가 복되고 형통하리로다."

예배드리는 자녀가 성공한다

이 말씀을 읽고 실망한 사람들이 있을지 모릅니다. '대박 터지는 것도 아니고 수고한 대로 먹는 게 무슨 축복이야!'라고 생각할 수 있습니다. 많은 사람들이 그렇게 생각합니다. 수고 한대로 수확하는 것은 당연한 것이지 축복이 아니라고 생각합니다. 하지만 그렇지가 않습니다. 수고 한대로 먹는 것이 쉽지가 않습니다.

여러분, 생각해 보세요. 봄에 씨를 뿌리고 여름에 열심히 땀 흘려 일했지만 가을에 소출을 거두지 못하는 농부들이 얼마나 많습니까?

또 행복한 가정은 어떤 가정인가요? 행복한 가정은 사랑의 관계를 누리는 가정입니다. 시편 128편 3절은 행복한 가정의 두 번째 모습을 말해 주고 있습니다.

"네 집 내실에 있는 네 아내는 결실한 포도나무 같으며 네 상에 둘린 자

말씀의 거울

"여호와를 경외하며 그 도에 행하는 자마다 복이 있도다 네가 네 손이 수고한 대로 먹을 것이라 네가 복되고 형통하리로다 네 집 내실에 있는 네 아내는 결실한 포도나무 같으며 네 상에 둘린 자식은 어린 감람나무 같으리로다 여호와를 경외하는 자는 이같이 복을 얻으리로다 여호와께서 시온에서 네게 복을 주실지어다 너는 평생에 예루살렘의 복을 보며 네 자식의 자식을 볼지어다 이스라엘에게 평강이 있을지로다"(시128:1-6).

식은 어린 감람나무 같으리로다."

이 말씀은 아름다운 부부관계와 자녀들로 행복한 가정을 꾸리고 있는 모습을 잘 표현한 말씀입니다. 그러나 미래학자로 우리에게 잘 알려진 앨빈 토플러는 "가정의 미래가 부정적이다. 앞으로는 가정이 와해될지도 모른다"고 가정의 위기를 진단했습니다. 물질적 풍요를 얻을지는 모르지만 가정은 와해된다는 것입니다.

한번은 1990년 초 미국의 한 신문기자가 지난 10년간 130억 이상의 복권에 당첨된 사람들의 삶을 조사하고 나서 신문에 칼럼 형식으로 발표한 적이 있습니다. 130억 이상의 복권에 당첨된 사람을 추적했는데 10년 후 그들은 한결같이 불행하게 살고 있더라는 것입니다. 결과가 너무 이상해서 신문에 칼럼을 쓴 것입니다. 그러나 이상한 것이 아닙니다. 경제적인 조건이 행복을 좌우하는 것은 아니기 때문입니다. 그렇다면 무엇이 행복의 조건일까요? 시편 128편 3절의 모습처럼 가족간의 풍성한 사랑이 넘치는 관계가 있어야 합니다.

마지막으로 행복한 가정은 어떤 가정인가요? 하나님의 복을 다음 세대에 전수하는 가정입니다. 시편 128편 5, 6절은 행복한 가정의 마지막 그림을 묘사하고 있습니다.

"여호와께서 시온에서 네게 복을 주실지어다 너는 평생에 예루살렘의 복을 보며 네 자식의 자식을 볼지어다 이스라엘에게 평강이 있을지로다."

예배드리는 자녀가 성공한다

무슨 말입니까? 하나님의 축복이 자식의 자식을 볼 때까지 다시 말하면 장수하면서 그 축복을 자녀에게 이어 주는 가정이 축복 받은 가정이라는 것입니다.

살아 가면서 축복 받는 인생이 된다는 것은 얼마나 행복한 일입니까? 축복의 메시지를 들을 때마다 행복하잖아요. 그런데 안타까운 것은 그 축복이 당대에 끝나는 경우가 많다는 것입니다. 부모는 하나님으로부터 여러 가지 복을 받았는데 자손은 축복을 이어 가지 못하는 것입니다. 그러기에 행복한 가정은 하나님의 복을 이어 가는 믿음의 세대가 있는 가정이라고 할 수 있습니다.

그렇다면 이렇게 행복한 가정은 어떻게 만들 수 있을까요? 시편 128편 1절에 그 비결이 있습니다.

"여호와를 경외하며 그 도에 행하는 자마다 복이 있도다."

그렇습니다. 행복한 가정을 만드는 비결은 돈을 많이 버는 것도 좋은 집과 차를 갖는 것도 아닙니다. 행복한 가정은 여호와를 경외하는 부모에게 주시는 하나님의 축복입니다. 그러기에 행복한 가정을 만들고 싶다면 지금부터 자녀에게 여호와를 경외하는 부모의 뒷모습을 보여 주셔야 합니다.

자녀를 위한 기도문

"세상 모든 가정의 주인이신 하나님!
우리 부부에게 행복한 가정을 가꾸는
책임이 있음을 고백합니다.
저희가 믿음의 삶을 살 때
그 결과에 복을 주소서.
자녀들이 축복의 열매를 누리며 살게 하소서.
예수님의 이름으로 기도합니다. 아멘."